Anwendungs- mathematik für Wirtschafts- wissenschaftler

Von
Dipl.-Kfm. Heiko Tallig

R. Oldenbourg Verlag München Wien

Bibliografische Information Der Deutschen Bibliothek

Die Deutsche Bibliothek verzeichnet diese Publikation in der Deutschen
Nationalbibliografie; detaillierte bibliografische Daten sind im Internet
über <http://dnb.ddb.de> abrufbar.

© 2006 Oldenbourg Wissenschaftsverlag GmbH
Rosenheimer Straße 145, D-81671 München
Telefon: (089) 45051-0
www.oldenbourg.de

Gedruckt auf säure- und chlorfreiem Papier
Gesamtherstellung: MB Verlagsdruck, Schrobenhausen

ISBN   3-486-57920-7
ISBN 978-3-486-57920-8

Vorwort

Dieses Buch ist gedacht um die grundlegenden Methoden der Mathematik für Wirtschaftswissenschaften darzustellen. Es wendet sich insbesondere an Studierende der Betriebs- und Volkswirtschaftslehre.

Mathematik ist leider bei den meisten Studierenden so beliebt wie Zahnschmerzen. Dabei kann man gerade in diesem Bereich wesentliche Fundamente für das Studium schaffen. Da die Wirtschaftswissenschaften einen empirischen Zweig der Geisteswissenschaften bilden, unterliegen sie fortdauernden Anpassungen. Rechtliche Einflüsse verändern ständig die praktische Anwendung. Als Extrem braucht man nur an das Steuerrecht zu denken. Hier sind die Änderungen so zahlreich, daß selbst erfahrene Experten anfangen zu verzweifeln.

Wenn man sich die Mathematik ansieht: Die Grundlagen bleiben bestehen. Der Satz des Pythagoras ist heute immer noch richtig.

Was haben Studenten also gegen Mathematik?

Nach meiner Erfahrung aus Vorlesungen und aus Gesprächen mit Studierenden bin ich der Überzeugung, nicht die Mathematik ist schlecht oder unbeliebt, sondern die Art, wie man die Mathematik vermittelt. Vielfach wird Mathematik als Selbstzweck verstanden; es werden Verfahren theoretisch erklärt ohne den praktischen Nutzen zu erläutern. Gerade bei Studierenden die von der Schule kommen und gerade erst ihr Abitur abgelegt haben, ist dies zu beobachten. Das Bilden von Ableitungen ist kein Problem. Die notwendige und hinreichende Bedingung zur Bestimmung von Extremstellen kann fast jeder aus dem Stehgreif angeben. Stellt man allerdings die Frage „Und was kann man anfangen?", so kann dies nur selten jemand beantworten.

Damit haben, so denke ich, die meisten ihre Probleme: „Wozu mache ich das eigentlich?".

Wer dann mathematisch nicht besonders begabt ist, versucht das leidige Problem durch Auswendiglernen aus der Welt zu räumen. Ein fataler Fehler, denn insbesondere Mathematik muß man begreifen, man muß wissen, welches Ziel man verfolgt. Wege dorthin gibt es dann oft viele.

Mit diesem Buch möchte ich gerade die Frage nach dem „wozu" beantworten. Ich richte mich mit dem Buch insbesondere an Studierende, die ihr Studium in den Verwaltungs- und Wirtschaftsakademien (VWA) und Berufsakademien (BA) beginnen, sowie Studierende, die den Bachelor-Abschluß anstreben. Natürlich sind alle anderen Studienanfänger der Wirtschaftswissenschaften genauso willkommen.

Die Studierenden der VWA haben insbesondere das typische Problem, entweder kein Abitur zu haben oder aber schon länger aus der Schule heraus zu sein und Mathematik vielleicht schon seit 10 Jahren nicht mehr angewendet zu haben, da man in der normalen Bürotätigkeit rechentechnisch selten über den Dreisatz hinaus kommt.

Deshalb möchte ich bei den Grundlagen beginnen um nicht von vornherein die Verwendung des Buches unmöglich zu machen. Denn es ist nicht schlimm, etwas nicht zu wissen oder nicht zu können, es nur schlimm, wenn man nichts dagegen unternimmt.

Wer frisch von der Schule kommt, kann die Anfänge dieses Buches guten Gewissens überspringen oder als Erinnerungshilfe nutzen.

Der Aufbau erfolgt stets in der Weise, daß Verfahren erklärt werden, daß dazu immer gezeigt wird, wozu man das im Studium oder der Praxis benötigt und selbstverständlich gibt es genügend Beispiele und Aufgaben mit Lösungshinweisen.

Hier sei noch einmal betont: Lösungshinweise. Es gibt immer mehre Möglichkeiten um zum Ziel zu gelangen. Die Mathematik erlaubt es jedem einen eigenen Weg zu nehmen. Nutzen Sie dieses Privileg und beschreiten Sie den Weg, der Ihnen persönlich am meisten zusagt.

Inhalt

1 Potenzrechnung

Potenzen schreibt man in der Form a^n (gesprochen: „a hoch n")
Das bedeutet: Man multipliziert die Größe a mit sich selbst und zwar genau n mal.
Also: $a^n = \underbrace{a \cdot a \cdot a \cdot \ldots \cdot a}_{n}$

Dabei ist a^n die Potenz, a ist die Basis und n der Exponent.

Beispiele:
$2^4 = 2 \cdot 2 \cdot 2 \cdot 2 = 16$
$3^5 = 3 \cdot 3 \cdot 3 \cdot 3 \cdot 3 = 243$

Selbstverständlich braucht man das nicht einzeln in den Taschenrechner einzugeben. Dazu gibt es die Taste für das Potenzieren: Meistens „x^y" oder „^".

Aufgabe 1:

a) 6^7 b) 12^4 c) 86^3

1.1 Rechenregeln für Potenzen

Zunächst werden alle grundlegenden Rechenregeln dargestellt, um ein späteres Nachschlagen zu erleichtern:

$a^n \cdot a^m = a^{n+m}$

$\dfrac{a^n}{a^m} = a^{n-m}$

$(a^n)^m = a^{n \cdot m}$

$a^n \cdot b^n \cdot c^n = (a \cdot b \cdot c)^n$

$a^{1/n} = \sqrt[n]{a}$

$a^{-n} = \dfrac{1}{a^n}$

$a^0 = 1$

Sehen wir uns das im Einzelnen an:

$$a^n \cdot a^m = a^{n+m}$$

Potenzen mit gleicher Basis werden multipliziert, indem man ihre Exponenten addiert.

Beispiel:

$$\underbrace{5 \cdot 5 \cdot 5 \cdot 5}_{5^4} \cdot \underbrace{5 \cdot 5 \cdot 5}_{5^3} = \underbrace{5 \cdot 5 \cdot 5 \cdot 5 \cdot 5 \cdot 5 \cdot 5}_{5^7}$$

$$\frac{a^n}{a^m} = a^{n-m}$$

Potenzen mit gleicher Basis werden dividiert, indem man ihre Exponenten subtrahiert, muß dann analog gelten. Dazu kann man sich das Beispiel von oben als Division vorstellen. Nur eine 5 bliebe übrig.

$$(a^n)^m = a^{n \cdot m}$$

Potenzen mit gleicher Basis werden potenziert, indem man ihre Exponenten multipliziert.

Beispiel:

$$(5^4)^3 = 5^4 \cdot 5^4 \cdot 5^4 = 5^{4+4+4} = 5^{4 \cdot 3} = 5^{12}$$

Schreibt man alles auf, so sieht man, daß wieder die Regel greift: Potenzen mit gleicher Basis werden multipliziert, indem man ihre Exponenten addiert. Da es sich aber immer um denselben Exponenten (hier *4*) handelt, kann man natürlich statt *4 + 4 + 4* auch gleich *3 · 4* schreiben.

$$a^n \cdot b^n \cdot c^n = (a \cdot b \cdot c)^n$$

Multipliziert man Potenzen, die den gleichen Exponenten aufweisen, kann man statt dessen auch erst die Multiplikation ausführen und dann potenzieren.

Beispiel:

$$2^3 \cdot 3^3 \cdot 4^3 = 8 \cdot 27 \cdot 64 = 13.824 = (2 \cdot 3 \cdot 4)^3 = 24^3 = 13.824$$

Letztendlich vertauscht man damit nur die Reihenfolge der Multiplikation.

$$a^{1/n} = \sqrt[n]{a}$$

Potenziert man eine Basis mit einer Bruchzahl, so ist dies gleichbedeutend mit dem Radizieren, also dem Ziehen der Wurzel.

Beispiel:

$$8^{1/3} = \sqrt[3]{8} = 2$$

Dies Beispiel können Sie in Ihren Taschenrechner eingeben. Dabei müssen Sie beachten: Potenzrechnung hat Vorrang vor der Punktrechnung (so wie Punktrechnung Vorrang vor der Strichrechnung hat). Hier muß $\frac{1}{3}$ vor dem Potenzieren berechnet werden. Also, $8^{(1/3)}$ oder $8^{0,\bar{3}}$.

$$a^{-n} = \frac{1}{a^n}$$

Potenziert man eine Basis mit einem negativen Exponenten, so ist dies gleichbedeutend mit der Potenzrechnung, bei der man das Minus ignoriert und dann den Kehrwert (= reziproken Wert) berechnet.

Beispiel:

$$4^{-3} = \frac{1}{4^3} = 0,015625 = \frac{1}{64}$$

Man kann also *4 hoch –3* in den Taschenrechner eingeben oder *4 hoch 3* und dann die Kehrwerttaste drücken („$\frac{1}{x}$").

$$a^0 = 1$$

Dies ist eine mathematische Definition. Alle Größen, die mit Null potenziert werden, ergeben 1.

Diese Rechenregeln stellen Grundlagenwissen dar, das normalerweise bei jedem Studium bereits vorausgesetzt wird. Die Rechenregeln sind wichtig für viele folgende Berechnungen und sollten unbedingt beherrscht werden.

Aufgabe 2:

1.) Fassen Sie folgende Ausdrücke soweit wie möglich zusammen

    a) $a^2 \cdot b^6 \cdot a^4 \cdot c^5 \cdot b \cdot c^2 =$

    b) $x^2 y^7 z^8 z^2 x^4 y^4 zy =$

2.) Berechnen Sie folgende Ausdrücke ohne Taschenrechner:[1]

    a) $(2^4)^2 =$

    b) $(3^3)^2 =$

    c) $(4^6)^{0,5} =$

    d) $((5^{4,5})^4)^{1/6} =$

    e) $((15^6)^{12})^{1/36} =$

3.) Bringen Sie die folgenden Potenzen in die Form a^k.

    a) $\dfrac{1}{a^{10}} =$

---

[1] Ohne Taschenrechner? Das löst bei den meisten Studierenden Entsetzen aus. Selbstverständlich werden Sie normalerweise einen Taschenrechner benutzen. Aber bei einigen Aufgaben ist es sinnvoll auf den Taschenrechner zu verzichten, da sich die Aufgaben dann nur lösen lassen, wenn man sich an die Regeln erinnert. Das ergibt einen besseren Lerneffekt, als wenn man die Regeln nur stur auswendig lernt.

b) $\dfrac{a^{11}}{a^6} a^{-62} =$

c) $\dfrac{1}{a} =$

d) $a =$

e) $(a^{-2})^{-6} =$

f) $(\sqrt[6]{a})^{6/5} a^2 =$

4.) Berechnen Sie folgende Ausdrücke ohne Taschenrechner:

a) $\sqrt{45} : \sqrt{5} =$

b) $\dfrac{\sqrt[3]{80}\sqrt[3]{10}}{\sqrt[3]{10^2}} =$

c) $\dfrac{\sqrt{19^3}}{\sqrt{19}} =$

d) $\sqrt{45} \cdot \sqrt{5} =$

e) $\dfrac{\sqrt{9}\sqrt[4]{9}}{\sqrt[12]{9}\sqrt[6]{9}} =$

f) $\sqrt{196 \cdot 10^8} =$

1.2 Wozu benötigt man Potenzrechnung?

Bei dieser Fragestellung wollen wir uns natürlich vornehmlich wirtschaftliche Anwendungen ansehen. Die Potenzrechnung kann sehr vielfältig eingesetzt werden. Eine direkte praktische Anwendung ist die Zinsrechnung, bei der Zinseszinsen berücksichtigt werden.

Beispiel:
Ein Anleger verfügt über ein Kapital von 10.000 €. Dieses Kapital wird einem Konto gutgeschrieben, das mit 4% jährlich verzinst wird. Die Zinsen werden jedes Jahr auf das Konto gebucht und für die weitere Zeit wieder mitverzinst.
Wieviel Geld steht dem Anleger nach 3 Jahren zur Verfügung?

Die Lösung kann man sich zunächst ohne Potenzrechnung überlegen. Das wäre die mehrfache Anwendung des Dreisatzes.
10.000 ≙ 100% und *x ≙ 104%*
10.000 € entsprechen 100% und *x* entspricht 104%, dann ist *x* das Kapital nach einem Jahr, nämlich 100% + 4% Zinsen.
Damit ergibt sich: $x = \dfrac{10.000 \cdot 104\%}{100\%} = 10.000 \cdot 1{,}04 = 10.400$
Bei der Berechnung kürzen sich die Prozentzeichen heraus.
Das Kapital beträgt 10.400 € nach dem ersten Jahr.

Die 10.400 € bilden nun die Grundlage für die Berechnung der Zinsen des zweiten Jahres.
10.400 ≙ 100% und *x ≙ 104%*

10.400 € entsprechen 100% und x entspricht 104%, dann ist x das Kapital nach dem zweiten Jahr, nämlich wieder 100% + 4% Zinsen.

Damit ergibt sich: $x = \dfrac{10.400 \cdot 104\%}{100\%} = 10.400 \cdot 1{,}04 = 10.816$

Das Kapital nach dem zweiten Jahr beträgt 10.816 € und ist Grundlage für die Berechnung des dritten Jahres.

Analog:

$x = \dfrac{10.816 \cdot 104\%}{100\%} = 10.816 \cdot 1{,}04 = 11.248{,}64$

Somit: 11.248,64 € besitzt der Anleger nach 3 Jahren

Eine furchtbar langsame und sehr nervende Methode, vor allem, wenn man die Aufgabe dahingehend abwandelt, das man fragt: Wieviel Geld hat der Anleger nach 30 Jahren?

Wenn wir uns die Berechnung nochmals ansehen:
Will man das Kapital nach einem Jahr berechnen, multipliziert man das Ausgangskapital mit *1 + Zinssatz*. Hier: *10.000 · 1,04* nämlich (1 = 100% und damit Ausgangskapital + 0,04 = 4%, die Zinsen)

Verkürzt hätten wir damit: $10.000 \cdot 1{,}04 \cdot 1{,}04 \cdot 1{,}04 = 10.000 \cdot 1{,}04^3 = 11.248{,}64$

$\underbrace{\qquad}_{1.Jahr}$
$\underbrace{\qquad}_{2.Jahr}$
$\underbrace{\qquad}_{3.Jahr}$

Somit haben wir eine Formel:
Endkapital = Startkapital · (1 + Zinssatz)^{Laufzeit}

Damit läßt sich ganz leicht die zweite Frage (Kapital nach 30 Jahren) beantworten:
Endkapital = 10.000 · (1 + 0,04)^{30} = 10.000 · 1,04^{30} = 32.433,98

Aufgabe 3

1.) Ein Sparbrief mit 5.000 € Anfangskapital hat eine Laufzeit von 10 Jahren. Es erfolgt eine Verzinsung mit 5,5% pro Jahr. Die Zinsen werden nicht ausgezahlt, sondern jedes Jahr wieder mit verzinst. Wieviel Geld steht nach Ablauf der Laufzeit zur Verfügung?

2.) Wenn man im Jahr 2000 einen Cent bei einer Verzinsung von 1% pro Jahr angelegt hätte, wieviel Geld hätte man im Jahr 4000 mit Zins und Zinseszins?

3.) Eine Maschine, die Anschaffungskosten von 90.000 € aufweist wird degressiv[2] mit 20% abgeschrieben. Wie hoch ist der Restwert nach 3 Jahren?

---

[2] Degressive Abschreibung erfolgt als Abschreibung immer vom jeweiligen Restwert. Hier 20% von 90.000 € = 18.000. Restwert nach einem Jahr = 90.000 – 18.000 = 72.000. Von den 72.000 werden wieder 20% abgeschrieben usw.

4.) Ein Tresor, der Anschaffungskosten von 20.000 € aufweist wird degressiv mit 10% abgeschrieben. Wie hoch ist der Restwert nach 9 Jahren?

5.) Ein Öltank der Anschaffungskosten von 30.000 € aufweist wird degressiv mit 8% abgeschrieben. Wie hoch ist der Restwert nach 12 Jahren?

2 Logarithmen

Logarithmen stellen die Umkehrfunktion zur Potenzrechnung dar. Hier berechnet man den Exponenten.

$y = log_a x$ y ist der Logarithmus von x zur Basis a.

y muß so berechnet werden, daß a potenziert mit y genau x ergibt:

$a^y = x$

Beispiel:

$y = log_{10} 100 \Rightarrow y = 2$, denn $10^2 = 100$

$y = log_2 8 \Rightarrow y = 3$, denn $2^3 = 8$

2.1 Besondere Logarithmen

Dekadischer Logarithmus

$lg = log_{10}$

Der Logarithmus zur Basis 10 wird als dekadischer Logarithmus bezeichnet. Dieser befindet sich auch auf dem Taschenrechner, hier allerdings entgegen aller Bezeichnungen in der Literatur mit der Taste „log" (nur bei Taschenrechnern ist $log = log_{10}$).

Natürlicher Logarithmus

$ln = log_e$

Der Logarithmus zur Basis e wird als natürlicher Logarithmus bezeichnet. Dieser befindet sich ebenfalls auf dem Taschenrechner, auch mit der üblichen Bezeichnung „ln".
Die Basis e bezeichnet die Eulersche Zahl (nach dem Mathematiker EULER) $e = 2,7182...$, die auch als Wachstumskonstante bezeichnet wird. Wachstum in der Biologie, aber auch in der Statistik läßt sich hierdurch ausdrücken.

2.2 Rechenregeln für Logarithmen

Stellen wir zunächst wieder alle grundlegenden Rechenregeln dar, um ein späteres Nachschlagen zu erleichtern. Die Basis (a) ist hier fortgelassen worden, da die nachfolgenden Regeln für sämtlich Logarithmen, unabhängig von der Basis, gelten:

$$log(x \cdot y) = log\,x + log\,y$$

$$log(\frac{x}{y}) = log\,x - log\,y$$

$$log(\frac{1}{y}) = -log\,y$$

$$log(x^n) = n \cdot log\,x$$

$$log(\sqrt[n]{x}) = \frac{1}{n} log\,x$$

$$log\,1 = 0$$

Umrechnungsregel für Logarithmen

$$log_b\,x = \frac{log_a\,x}{log_a\,b}$$

Sehen wir uns das im Einzelnen an:

$$log(x \cdot y) = log\,x + log\,y$$

Logarithmiert man ein Produkt, so ist dies gleichbedeutend mit dem Logarithmieren jedes Faktors. Die Ergebnisse werden addiert.
Da der Logarithmus die Umkehrfunktion zur Potenzierung bildet, kann man aus den Potenzrechenregeln auch die Logarithmusrechenregeln herleiten.
Es galt: $a^n \cdot a^m = a^{n+m}$
Potenzen werden multipliziert, indem man die Exponenten addiert, da man mit dem Logarithmus aber gerade die Exponenten berechnet, muß man die Logarithmen der einzelnen Faktoren addieren.
Einfacher läßt sich dies ersehen, wenn man einfach einmal Zahlen einsetzt:
$$10^3 \cdot 10^5 = 10^{3+5} = 10^8$$
$$log_{10}(10^3 \cdot 10^5) = lg(10^3 \cdot 10^5) = lg(10^3) + lg(10^5) = 3 + 5 = 8 = lg(10^8)$$

$$log(\frac{x}{y}) = log\ x - log\ y$$

Logarithmiert man einen Quotienten, so ist dies gleichbedeutend mit dem Logarithmieren des Zählers und des Nenners. Von dem Ergebnis für den Zähler subtrahiert man das Ergebnis des Nenners.

Die analoge Regel der Potenzrechnung war: $\frac{a^n}{a^m} = a^{n-m}$

Sehen wir uns dies wieder mit Zahlen an:

$$\frac{10^5}{10^3} = 10^{5-3} = 10^2$$

$$lg(\frac{10^5}{10^3}) = lg\ 10^5 - lg\ 10^3 = 5 - 3 = 2 = lg\ 10^2$$

$$log(\frac{1}{y}) = -log\ y \text{ und } log\ 1 = 0$$

Dies ist nur ein Sonderfall für die vorangegangene Regel:

$$log(\frac{1}{y}) = log\ 1 - log\ y = 0 - log\ y = -log\ y$$

Der Logarithmus von 1 muß immer Null sein, denn es galt die mathematische Definition: $a^0 = 1$; **jede** Basis potenziert mit 0 ergibt *1*.
Da mit dem Logarithmus der Exponent berechnet wird, ist der Logarithmus für jede beliebige Basis immer *0*.

Oder man kann es sich auch folgendermaßen überlegen:

$$a^{-n} = \frac{1}{a^n}$$

Dann ist auch $log_a\ a^{-n} = log_a(\frac{1}{a^n})$. Man sieht aber $log_a\ a^{-n} = -n$

Wenn man das nicht sieht, nimmt man wieder Zahlen zu Hilfe:

$$lg\ 10^{-6} = -6 = lg\ \frac{1}{10^6} = -lg\ 10^6 = -6$$

$$log(x^n) = n \cdot log\ x$$

Diese Regel ist sehr wichtig, da sie für das Rechnen mit Logarithmen in Gleichungssystemen benötigt wird. Logarithmiert man eine Potenz, so kann man den Exponenten als Faktor vor den Logarithmus ziehen.
Die analoge Regel aus der Potenzrechnung lautet: $(a^n)^m = a^{n \cdot m}$
Potenziert man Potenzen, so werden die Exponenten multipliziert, da mit dem Logarithmus ein Exponent berechnet wird, multipliziert man das Ergebnis mit dem schon vorhandenen Exponenten.
Mit Zahlen:

$$(10^3)^4 = 10^{3 \cdot 4} = 10^{12}$$

$$lg(10^3)^4 = 4 \cdot lg\ 10^3 = 4 \cdot 3 = 12 = lg\ 10^{12}$$

$$log(\sqrt[n]{x}) = \frac{1}{n}\,log\,x$$

Dies ist die gleiche Regel, wie die vorangegangene. Wir wissen $a^{1/n} = \sqrt[n]{a}$. Damit:

$$log(\sqrt[n]{x}) = log\,x^{\frac{1}{n}} = \frac{1}{n}\,log\,x \qquad \text{Der Exponent wird wieder vor den Logarithmus gezogen.}$$

Zahlenbeispiel:

$$lg(\sqrt[4]{100.000.000}) = lg\,100.000.000^{\frac{1}{4}} = \frac{1}{4}\,lg\,100.000.000 = \frac{1}{4}\cdot 8 = 2$$

Das selbe Ergebnis erhält man, wenn man zuerst die Wurzel berechnet:

$$lg(\sqrt[4]{100.000.000}) = lg\,100 = 2$$

$$log_b x = \frac{log_a x}{log_a b}$$

Bisher ist es uns nur möglich Logarithmen zu berechnen, die als Basis 10 oder e aufweisen. Alle Logarithmen lassen sich jedoch ineinander überführen. Deshalb braucht man zum Glück nicht für jeden Logarithmus eine eigene Taste auf dem Taschenrechner.
Die Formel von oben zeigt uns die Umrechnung, dabei ist b der Logarithmus, der umgerechnet werden soll (also nicht auf dem Taschenrechner vorhanden ist) und a ein bekannter Logarithmus (also auf dem Taschenrechner vorhanden, damit in der Regel 10 oder e)

Nehmen wir ein Beispiel, das sich im Kopf nachrechnen läßt:
$log_3 81 = ?$
3 potenziert mit dem gesuchten Exponenten soll 81 ergeben.
Die Lösung ist 4, denn $3^4 = 81$

Mit der Formel gilt: 3 ist die Basis, die es nicht auf dem Taschenrechner gibt. Somit ist $b = 3$.
a ist eine Basis, für die wir eine entsprechende Taste auf dem Taschenrechner finden. Wählen wir den dekadischen Logarithmus, dann ist $a = 10$.
Von x soll der Logarithmus berechnet werden, hier ist $x = 81$.
Wenden wir dies für die Formel an:

$$log_3 81 = \frac{log_{10} 81}{log_{10} 3} = \frac{lg\,81}{lg\,3} = 4$$

Welchen Logarithmus wir für die Umrechnung wählen ist unerheblich. Da wir auf dem Taschenrechner nur den dekadischen und den natürlichen Logarithmus vorfinden werden, müssen wir notgedrungen einen von beiden nehmen. Es muß dann natürlich auch gelten:

$$log_3 81 = \frac{ln\,81}{ln\,3} = 4$$

Aufgabe 1

1.) Berechnen Sie folgende Ausdrücke ohne Taschenrechner:

    a) $log_4 \, 16 =$

    b) $log_2 \, 32 =$

    c) $log_2 \dfrac{1}{4} =$

    d) $log_5 \, 125 =$

    e) $log_6 \, 36 =$

    f) $log_3 \, 81 =$

    g) $lg \, 8 + lg \, 125 =$

    h) $lg \dfrac{1}{10.000} =$

2.) Berechnen Sie folgende Ausdrücke:

    a) $lg \, 500 =$

    b) $lg \dfrac{1}{2.000} =$

    c) $ln \, 443 =$

    d) $ln \, 745 =$

    e) $ln \dfrac{1}{523} =$

3.) Berechnen Sie folgende Ausdrücke ohne Taschenrechner:

    a) $lg \, 100^{1,3} =$

    b) $ln \, e^5 =$

    c) $lg \, 2^4 5^4 =$

    d) $lg \, 600 - lg(\sqrt{12} \cdot \sqrt{3}) =$

    e) $lg((2 \cdot 10^2)^2 \cdot \dfrac{5^2}{2}) - lg \, 50 =$

4.) Berechnen Sie folgende Ausdrücke:

    a) $log_8 \, 1.200 =$

    b) $log_{17} \, 4.000 =$

    c) $log_2 \, 5.012 =$

    d) $log_{23} \, 8.756 =$

Die häufigste Anwendung des Logarithmus in der Wirtschaftswissenschaft wird die Berechnung von Gleichungen sein.

2.3 Logarithmen in Gleichungssystemen

Mit Logarithmen kann man in Gleichungssystemen genauso umgehen, wie mit allen anderen Rechenoperationen. Für die Lösung eines Gleichungssystems ist es unerheblich welchen Logarithmus man wählt, da sich alle Logarithmen ineinander überführen lassen. Um sich das Leben nicht unnötig schwer zu machen, wählt man einen Logarithmus, den man auch auf dem Taschenrechner findet. In den nachfolgenden Beispielen und Lösungsvorschlägen für die Aufgaben wird der dekadische Logarithmus (lg) gewählt.

Beispiel:
Gesucht ist die Größe n.

$$10.000 \cdot 1,06^n = 12.625 \qquad |\div 10.000$$

$$1,06^n = 12.625 \qquad |lg \qquad \text{Wie jede andere Operation wendet man den Logarithmus auf beiden Seiten der Gleichung an.}$$

$$lg\, 1,06^n = lg\, 12.625$$

$$n \cdot lg\, 1,06 = lg\, 12.625 \qquad |\div lg\, 1,06$$

$$n = \frac{lg\, 12.625}{lg\, 1,06}$$

$$n = 4$$

Somit: Für $n = 4$ ist die Gleichung richtig.

Aufgabe 2

a) $1,1^n = 2$ b) $1,07^n = 3$

2.4 Wozu benötigt man Logarithmen?

Man verwendet sie, wie in dem letzten Beispiel, um Exponenten zu berechnen. Praktisch können wir das auf unser Anwendungsbeispiel der Potenzrechnung übertragen. Also, Zinsrechnung mit Zinseszinsen.

Beispiel:
Ein Anleger hat ein Ausgangskapital von 50.000 €. Er erhält 5% Zinsen pro Jahr. Wie lange braucht er, um 70.000 € Kapital zu erreichen, wenn man Zinseszinsen berücksichtigt?

Es galt die Formel:
$$Endkapital = Startkapital \cdot (1 + Zinssatz)^{Laufzeit}$$

Setzen wir ein:
$$70.000 = 50.000 \cdot (1 + 0,05)^n \qquad \text{Dann ist } n \text{ die Laufzeit in Jahren.}$$

$$\frac{70.000}{50.000} = (1,05)^n$$

$$\lg \frac{7}{5} = \lg 1,05^n$$

$$\lg 1,4 = n \cdot \lg 1,05$$

$$\frac{\lg 1,4}{\lg 1,05} = n$$

$$6,8963 = n$$

Somit: Der Anleger braucht 6,9 Jahre, bis er sein Ziel erreicht hat.

Dies ist eine sehr typische Rechnung in den Wirtschaftswissenschaften. Mit Logarithmen berechnet man den Exponenten. Dieser ist in der Wirtschaft oftmals die Zeit. Man berechnet mit Logarithmen eine Zeitdauer, wie zum Beispiel Laufzeit, Amortisationszeit, wirtschaftlich optimale Nutzungsdauer.

Aufgabe 3

1.) In einem Land wächst die Bevölkerung jährlich um 2%. Nach wievielen Jahren hat sich die Bevölkerungsanzahl verdoppelt?

2.) Ein Anleger zahlt 500 € auf ein Konto ein und erhält 3,5% Zinsen pro Jahr. Nach wievielen Jahren hat er 1.500 € zusammen?

3 Funktionen

3.1 Grundlagen

Funktionen sind eindeutige Zuordnungen, daß heißt für jeden eingesetzten Wert für eine Variable erhält man **genau ein** Ergebnis.
Unsere Berechnung des Endkapitals aus dem vorangegangenen Kapitel stellt zum Beispiel eine Funktion dar:

Endkapital = Startkapital · (1 + Zinssatz)^{Laufzeit}

Speziell für den Anleger mit *10.000 €* und *4%* Verzinsung pro Jahr ergab sich:

Endkapital = 10.000 · 1,04^n

Für jede beliebige Laufzeit *n* erhält man ein eindeutiges Ergebnis und nicht etwa mehrere Alternativen.

Sehen wir uns zu den Funktionen einige Zeichnungen an:

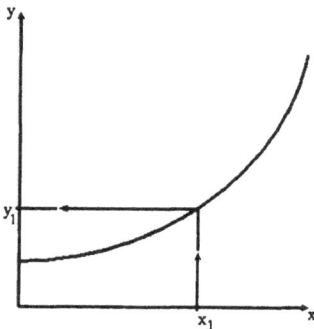

Eine übliche Kurzform der Beschreibung ist $y = f(x)$ (gesprochen: „y ist eine Funktion (abhängig) von x")
In der ersten Abbildung liegt eine Funktion vor. Nimmt man einen beliebigen x-Wert auf der x-Achse (= Abszisse), so erhält man nur einen Kreuzungspunkt mit der eingezeichneten Kurve für y. Geht man jetzt genau waagerecht hinüber zur y-Achse (= Ordinate), so kann man den zum x-Wert gehörenden y-Wert ablesen.
In der Zeichnung wurde x_1 als Bezeichnung für einen beliebigen Punkt gewählt. Dazu gehört y_1.

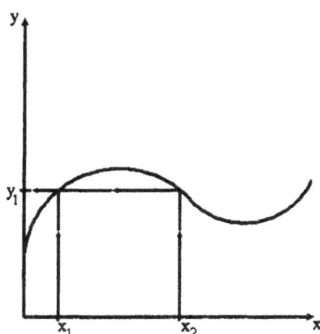

In der zweiten Abbildung liegt gleichfalls eine Funktion vor. Für jeden x-Wert existiert genau ein y-Wert.

Zwar kann es hier vorkommen, daß zwei x-Werte (in der Zeichnung x_1 und x_2) den selben y-Wert aufweisen (y_1), aber das widerspricht nicht der Definition einer Funktion.

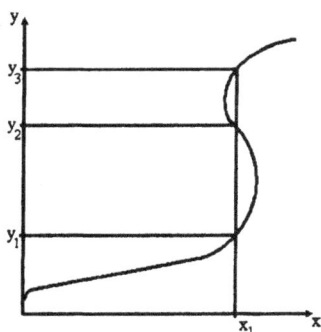

In der dritten Abbildung schließlich liegt keine Funktion vor, da man x-Werte finden kann, für die sogar 3 verschiedene y-Werte existieren.

3.2 Zeichnerische Darstellung

Um Funktionen zeichnen zu können, bedient man sich einer Wertetabelle. Man nimmt x-Werte, die den Bereich abdecken, für den man die Zeichnung erstellen möchte und rechnet den zugehörigen y-Wert durch Einsetzen in die Funktion aus.

Beispiel:
$y = f(x) = 2x$

	−3	−2	−1	0	1	2	3
$y = f(x) = 2x$	−6	−4	−2	0	2	4	6

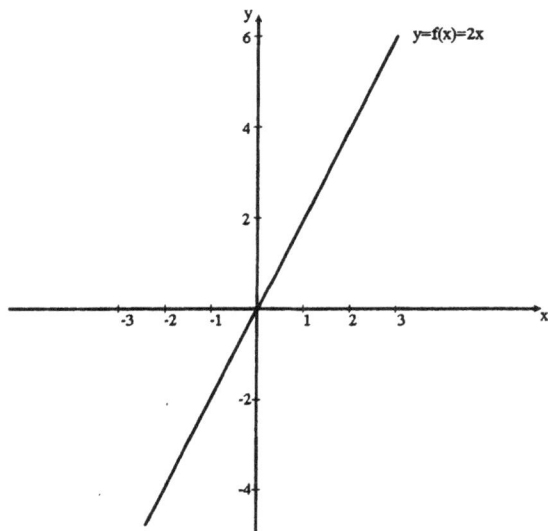

Das Berechnen und Einzeichnen so vieler Punkte ist in diesem Beispiel überflüssig, da eine lineare Funktion vorliegt (also eine Gerade).
Um den Verlauf einer Geraden bestimmen zu können werden nur zwei Punkte benötigt, die man dann mit dem Lineal verbinden kann.

Woran erkennt man vor der Berechnung, daß eine Gerade vorliegt?
Ist der Exponent der Variablen einer Funktion 1 oder 0, so handelt es sich immer um eine Gerade.
$y = 10x;$ $y = 0,5x;$ $y = -0,235x$ sind lineare Funktionen.
Noch einfacher ist der Fall, wenn der Exponent 0 ist. Dann verschwindet die Variable, denn eine beliebige Variable (x) potenziert mit 0 ergibt 1.
Die Gerade verläuft dann immer parallel zur x-Achse.

Beispiel
$y = 5$.
Egal, welchen Wert man für x angibt, y ist immer 5, da y nicht von x abhängt:

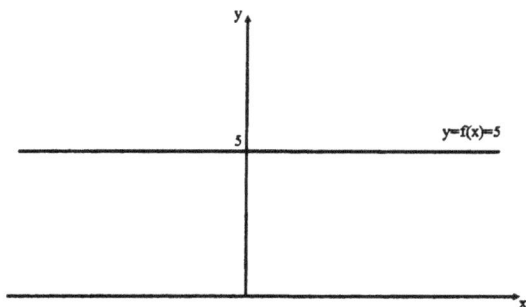

Für einen Kurvenverlauf werden hingegen immer mehrere Punkte benötigt, abhängig von der Geschicklichkeit des Zeichners.

Beispiel:

$y = f(x) = x^2$

	−3	−2	−1	0	1	2	3
$y = f(x) = x^2$	9	4	1	0	1	4	9

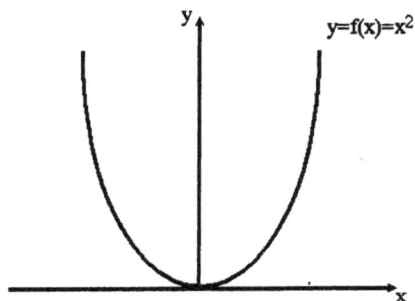

Das Ergebnis ist eine **Parabel**.

Beispiel:

$y = f(x) = \dfrac{1}{x}$ für $x > 0$

	0,25	0,5	1	2	3
$y = f(x) = 1/x$	4	2	1	0,5	$0,\overline{3}$

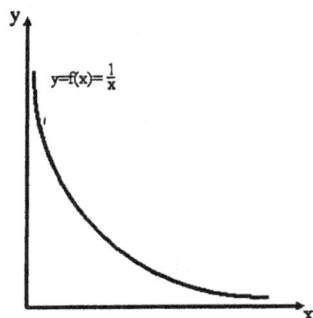

Für $x = 0$ ist die Funktion nicht berechenbar, da die Division durch Null nicht definiert ist. Für immer kleiner werdende x-Werte erhält man jedoch immer größere Ergebnisse für y. Die Funktion wird sich der y-Achse immer weiter annähern, sie aber nicht erreichen.
Setzt man immer größere Werte für x ein, so wird y immer kleiner, aber egal wie groß die eingesetzten Zahlen werden, es verbleibt immer ein Rest für y. Deshalb wird sich die Funktion auch der x-Achse immer weiter annähern, sie aber ebenfalls nicht berühren.
Eine solche Funktion wird als **Hyperbel** bezeichnet.

3.3 Schreibweise in der Wirtschaftswissenschaft

In den Wirtschaftswissenschaften wird eine Vielzahl von Funktionen verwendet. Um nicht den Überblick zu verlieren oder Funktionen miteinander zu verwechseln, gilt folgende übliche Vereinbarung:
Der Name der Funktion entspricht der Bezeichnungsgröße. Diese wird üblicherweise aus dem Begriff abgeleitet, wofür eine Berechnung durchgeführt wird.

Beispiele:
Gewinnberechnung: Gewinn = $G = G(x)$
Der Gewinn (G) ist eine Funktion (G) in Abhängigkeit von der verkauften Menge (x).
Kostenberechnung: Kosten = $K = K(x)$
Die Kosten (K) sind eine Funktion (K) in Abhängigkeit von der verkauften Menge (x).
Umsatzberechnung: Umsatz = $U = U(x)$
Der Umsatz (U) ist eine Funktion (U) in Abhängigkeit von der verkauften Menge (x).

3.4 Wozu benötigt man Funktionen?

Funktionen stellen eine Erleichterung dar. Für die Angabe von Werten für eine Variable erhält man relativ schnell ein Ergebnis. In einer Funktion werden unter Umständen mehrere Einfluß-größen zusammengefaßt, so daß dies nicht ständig wieder neu gerechnet werden muß. Ein Beispiel war die Berechnung des Endkapitals. Möchte man das Endkapital für sonst gleiche Angaben für verschiedene Laufzeiten berechnen, so geht das mit einer Funktion verhältnismäßig schnell.
Für Unternehmen bietet es sich an, die Kosten als Funktion darzustellen, um die Kosten pro Zeiteinheit oder pro Produkt abschätzen zu können. Ohne Kostenabschätzung für ein Produkt ist eine vernünftige Preisbildung nicht möglich. Denn es wäre fatal, einen Preis nur über den Daumen zu schätzen und erst später zu erfahren, ob der Preis überhaupt kostendeckend ist. Wenn man umgekehrt den Preis so hoch ansetzt, das er in keiner Situation zu Verlusten führt, wirft man sich selbst aus dem Markt, weil die Konkurrenz bessere Preise bietet.

Erstellen wir selbst einmal eine solche Kostenfunktion in einem stark vereinfachten Beispiel.

Beispiel:
Ein Unternehmen stellt ein Produkt her und benötigt dafür folgendes:
Gebäude, die Miete beträgt 30.000 € pro Jahr.
Produktionsmaschine: Anschaffungskosten = 440.000 €, Nutzungsdauer = 8 Jahre.
Gehälter und Löhne: 320.000 € im Jahr inklusive aller Nebenkosten.
Rohstoffe: 5 Stück pro Produkteinheit, ein Rohstoff kostet 4 €.
Der Vertrieb erfolgt ausschließlich über selbständige Handelsvertreter, die nur nach Erfolg bezahlt werden und 6 € Provision für jedes Stück erhalten, das sie verkaufen.

Wieviele Kosten entstehen pro Jahr, wenn 10.000 Stück, 15.000 Stück oder 30.000 Stück pro Jahr hergestellt werden?

Lösung:

Das Problem ist hier, das einige Kosten von der Anzahl der erstellten Produkte abhängen, andere aber wiederum nicht. Wenn wir also schon die Lösung für 10.000 Stück hätten, könnten wir das nicht einfach per Dreisatz auf 15.000 und 30.000 Stück umrechnen. Um aber nicht alles immer komplett neu rechnen zu müssen, bietet sich die Erstellung einer Funktion an: Bezeichnen wir dafür die Anzahl der erstellten Produkte mit x.

Die Miete ist unabhängig von x, denn der Vermieter hat Anspruch auf die Mietzahlung, egal wie erfolgreich oder erfolglos das Unternehmen ist. 30.000 = feste Kosten (= fixe Kosten).

Die Produktionsmaschine wird abgeschrieben. Da Maschinen über mehrere Jahre nutzbar sind, verteilt man die Anschaffungskosten auf die Nutzungsdauer. Es wäre unsinnig den Preis der Maschine in dem Jahr, in dem man die Maschine gekauft (und vielleicht auch vollständig bezahlt) hat, als Kosten zu berücksichtigen. Denn in den nächsten Jahren werden weiterhin Produkte mit dieser Maschine hergestellt. Auch diese Produkte müssen mit den selben Maschinenkosten kalkuliert werden. In der Kostenrechnung verteilt man diese Kosten möglichst gleichmäßig, um Preisschwankungen zu vermeiden: $\dfrac{440.000}{8} = 55.000$

Für die Abschreibung unterstellt man auch, daß sie feste Kosten sind, da sich eine Maschine auch dann abnutzt und vor allem an Wert verliert, wenn sie nicht genutzt wird.

55.000 € = fixe Kosten

Gehälter müssen auch bei schwankender Produktion in gleicher Höhe gezahlt werden:

320.000 € = fixe Kosten

Rohstoffe: Wird mehr produziert, so braucht man auch mehr Rohstoffe. Unterstellt man einen linearen Zusammenhang[3], so gilt für ein Stück von dem Produkt: Man benötigt 5 Stück vom Rohstoff und damit 5 · 4 € = 20 €, für zwei Produkte braucht man 10 Stück und damit 40 €. Oder

$20 \cdot x$ = Rohstoffkosten = variabel

Handelsvertreter: 6 € pro verkauftem Stück: $6 \cdot x$ = variabel

Fassen wir zusammen:

fix:	variabel:
30.000 €	20 € / Stück
55.000 €	6 € / Stück
320.000 €	
----------	--------------
405.000 €	26 € / Stück

Damit ergibt sich unsere Kostenfunktion mit:
$405.000 + 26 \cdot x$

Die 405.000 € entstehen immer, also auch, wenn nichts produziert wird ($x = 0$). Die 26 € entstehen nur, wenn produziert wird, dann aber pro Stück.

Somit kann man die Lösung berechnen für

10.000 Stück: $K(x = 10.000) = 405.000 + 26 \cdot 10.000 = 665.000$

15.000 Stück: $K(x = 15.000) = 405.000 + 26 \cdot 15.000 = 795.000$

30.000 Stück: $K(x = 30.000) = 405.000 + 26 \cdot 30.000 = 1.185.000$

---

[3] Linear, also gleichbleibender Zusammenhang. Doppelt so viel Produktion erfordert genau doppelt so viele Rohstoffe. Nicht beachtet werden hier nichtlineare Schwankungen, zum Beispiel durch mehr Ausschuß. Wenn mehr gearbeitet wird, erhöht sich normalerweise auch die Ausschußquote.

Aufgabe

1.) Der Versicherungsvertreter Ludwig Laber (LL) vermittelt als Selbständiger private Krankenversicherungen, Kapitallebensversicherungen und Unfallversicherungen.
Er erhält folgende Provisionen:
3 Beitragsmonate (je 250 €) in der Krankenversicherung
3% des Wertes der Kapitallebensversicherungen
6 Beitragsmonate (je 30 €) in der Unfallversicherung

Erstellen Sie eine Verdinestfunktion für LL und berechnen Sie seine Verdienste

- a) 5 Krankenversicherungen
  6 Kapitallebensversicherungen, Wert 50.000 €
  7 Unfallversicherungen

- b) 8 Krankenversicherungen
  2 Kapitallebensversicherungen, Wert 25.000 €
  2 Unfallversicherungen

- c) 2 Krankenversicherungen
  8 Kapitallebensversicherungen, Wert 75.000 €
  3 Unfallversicherungen

2.) Eine Maschine hat Anschaffungskosten von 100.000 € und wird linear über 8 Jahre abge-
schrieben.
Um ein Produkt herzustellen benötigt man 5 Rohstoffe, die jeweils 3 € kosten.
Zwei Arbeiter, die die Maschine bedienen, werden im Akkord bezahlt und erhalten je 30
Cent Lohn pro Produkt.

Erstellen Sie die Kostenfunktion zur Produktherstellung.

- a) Wieviel kostet es 5.000 Stück herzustellen?
- b) Wieviel kostet es 6.000 Stück herzustellen?
- c) Wieviel kostet es 7.000 Stück herzustellen?

4 Lineare Gleichungen

Von linearen Gleichungssystemen spricht man, wenn eine Variable den Exponenten 1 aufweist (zeichnerisch ergab sich dann eine Gerade).
Um Gleichungssysteme (also auch lineare Gleichungssysteme) lösen zu können, gibt es zwei Voraussetzungen:
1. Es muß genau so viele Gleichungen geben, wie es Unbekannte (= Variablen) gibt.
2. Alle Gleichungen müssen linear unabhängig voneinander sein.
   (Das ergibt sich eigentlich schon aus der ersten Forderung: es müssen echte Gleichungen vorliegen, die sich nicht ineinander überführen lassen)

Beispiel:

I $2x_1 + 3x_2 = 12$
II $6x_1 + 9x_2 = 36$

Nun könnte man die erste Gleichung umformen:

I $2x_1 = 12 - 3x_2 \quad |\div 2$
I $x_1 = 6 - 1,5x_2$

Setzt man dies in die zweite Gleichung ein:

II $6(6 - 1,5x_2) + 9x_2 = 36$
$36 - 9x_2 + 9x_2 = 36$
$36 = 36$

So erhält man eine richtige Aussage, die aber überhaupt nicht weiterhilft. Eine Lösung ist nicht möglich. Grund:
Gleichung I und II sind linear voneinander abhängig, denn es gilt $3 \cdot I = II$.
Es existiert also in Wirklichkeit nur eine Gleichung, damit ist das System nicht lösbar.

Für die Lösung von Gleichungssystemen gibt es mehrere Verfahren, die wir uns an einem Beispiel ansehen wollen.

Beispiel:

I $4x_1 + 3x_2 = 144$
II $6x_1 + 4x_2 = 120$

Prüfen wir zunächst, ob dies System überhaupt lösbar ist.
2 Gleichungen und 2 Unbekannte. Das ist erfüllt, wie man sieht.
Lineare Unabhängigkeit zwischen den Gleichungen:
Dazu versucht man aus der ersten Gleichung mit einer Operation die zweite zu erzeugen:
Um aus $4x_1$ (Gleichung I) $6x_1$ (Gleichung II) zu erzeugen, müßte man mit $1,5$ multiplizieren
Dann müßte auch $3x_2$ (Gleichung I) multipliziert mit $1,5$ die $4x_2$ aus Gleichung II ergeben.
Da $3 \cdot 1,5$ aber nicht 4 ist, sind die Gleichungen nicht linear abhängig.

(Man braucht jetzt nicht mehr prüfen 144 · 1,5 = 120, dies ist auch nicht erfüllt; nur wenn alle Rechnungen richtig sind, besteht lineare Abhängigkeit. Ist eine Operation nicht erfüllt, braucht man nicht weiter zu prüfen)

Somit kann man sagen: Das System ist lösbar!

4.1 Einsetzungsverfahren

Man löst eine Gleichung nach einer Variablen auf und setzt das Ergebnis in die nächste Gleichung ein. Nach welcher Variablen man zuerst auflöst ist unerheblich. Damit beeinflußt man lediglich die Reihenfolge, mit der man die Lösungswerte ermittelt.

$$I \quad 4x_1 + 3x_2 = 144$$
$$II \quad 6x_1 + 4x_2 = 120$$

Lösen wir für Gleichung I nach x_1 auf.

$$I \quad 4x_1 = 144 - 3x_2 \quad | \div 4$$
$$x_1 = 36 - 0,75x_2$$

$$II \quad 6(36 - 0,75x_2) + 4x_2 = 120$$
$$216 - 4,5x_2 + 4x_2 = 120 \quad | -216$$
$$-0,5x_2 = -96 \quad | \cdot (-2)$$
$$x_2 = 192$$

Die Lösung für x_2 kann man nun in eine Gleichung einsetzen. Welche Gleichung, ist wieder unerheblich! Man kann auch eine Abwandlung einer Gleichung nehmen. Hier bietet sich an:
$x_1 = 36 - 0,75x_2$ Setzt man hier den Wert für x_2 ein:
$x_1 = 36 - 0,75 \cdot 192$
$x_1 = -108$

4.2 Gleichsetzungsverfahren

Man stellt die Gleichungen so um, daß man einen Ausdruck für eine Größe bekommt. Für unser Beispiel von eben:

$I \quad 4x_1 + 3x_2 = 144 \Rightarrow 4x_1 = 144 - x_2 | \cdot 1,5 \Rightarrow 6x_1 = 216 - 4,5x_2$
$II \quad 6x_1 + 4x_2 = 120 \Rightarrow 6x_1 = 120 - 4x_2$

Damit haben wir zwei Darstellungsformen für $6x_1$. Da aber $6x_1$ (aus Gleichung I) genau so groß ist, wie $6x_1$ (aus Gleichung II), muß auch $216 - 4,5x_2$ so groß sein, wie $120 - 4x_2$.

$$216 - 4{,}5x_2 = 120 - 4x_2 \,|+ 4x_2$$
$$216 - 0{,}5x_2 = 120 \,|- 216$$
$$-0{,}5x_2 = -96 \,|\cdot (-2)$$
$$x_2 = 192$$

Mit dieser Lösung kann man wie vorhin wieder das Ergebnis für x_1 errechnen, indem man in eine beliebige Gleichung einsetzt. Das kann auch eine Umformung sein:

$$6x_1 = 120 - 4x_2$$
$$6x_1 = 120 - 4 \cdot 192$$
$$6x_1 = -648 \,|\div 6$$
$$x_1 = -108$$

Wählen Sie die Gleichung aus, mit der Sie am schnellsten zum Ziel kommen.

Für die Anwendung der Verfahren, wie auch für die Frage, welches Verfahren man überhaupt wählen soll, gibt es keine festen Regeln. Man kann hier also nach persönlichem Gutdünken entscheiden oder, wenn man schon einen guten Überblick hat, das Verfahren wählen, das einem verspricht am schnellsten zum Ziel zu gelangen.
Eines sollte man aber bei allen Verfahren immer beachten. **Eine Umstellung sollte immer so erfolgen, daß eine Variable verschwindet.** Nur so kann man zum Ziel gelangen.

Beispiel:
I $\ 4x_1 + 3x_2 = 144$
II $6x_1 + 4x_2 = 120 \,|\cdot 1{,}2 \Rightarrow 7{,}2x_1 + 4{,}8x_2 = 144$

Somit haben wir zwei Ausdrücke für die 144. Es muß also gelten:
$$4x_1 + 3x_2 = 7{,}2x_1 + 4{,}8x_2$$
Das ist mathematisch korrekt, bringt uns aber nicht weiter. Jetzt haben wir noch eine Gleichung, die wieder zwei Unbekannte (x_1 und x_2) enthält. Es macht keinen Sinn, die bekannte Größe 144 zu ersetzen.

4.3 Additionsverfahren (Subtraktionsverfahren)

Bei diesem Verfahren werden ganze Gleichungen addiert bzw. subtrahiert. Auch hier muß das Verfahren wieder so angewendet werden, daß eine Variable verschwindet.

Für unser Beispiel:
I $\ 4x_1 + 3x_2 = 144 \,|\cdot 1{,}5 \Rightarrow 6x_1 + 4{,}5x_2 = 216$
II $\qquad\qquad\qquad\quad 6x_1 + 4x_2 = 120 \,|-$

I-II $\qquad\qquad\qquad\quad 0 + 0{,}5x_2 = 96 \,|\cdot 2$
$$x_2 = 192$$

Damit läßt sich wieder die Lösung von x_1 bestimmen.

Man sieht: Dieses Verfahren ist sehr schnell und ist deshalb für die meisten Lösungen von Gleichungssystemen zu empfehlen. Welche Variable man eliminiert ist wieder egal. $4x_1$ in $6x_1$ umzuwandeln ist aber einfacher, als aus $3x_2$ zu $4x_2$ zu gelangen.

Suchen Sie nach bequemen Umformungen um schneller zum Ziel zu gelangen!

Aufgabe 1

Berechnen Sie die Werte für die Variablen, geben Sie eine Begründung an, wenn Sie der Ansicht sind, daß eine Lösung nicht möglich ist:

1.) I $2x + 5y = 66$
     II $6x - y\ = 6$

2.) I $8x_1 + 5x_2 + 5 = 236$
     II $x_1 + 3x_2\quad\ = 74$

3.) I $5x + 2y - z = 55$
     II $3x - y\quad\ = 16$

4.) I $2x_1 + 6x_2\ = 150$
     II $8x_1 + 24x_2 = 600$

5.) I $2x + 3y + 4z = 38$
     II $4x + 2y + 7z = 55$
     III $6x + 8y + 3z = 65$

4.4 Wozu benötigt man lineare Gleichungen?

Mit linearen Gleichungen lassen sich praktisch alle Probleme berechnen, die sich mit einem Dreisatz berechnen lassen. Werden die Fragestellungen sehr verwickelt, so kommt man mit dem Dreisatz nicht oder nur sehr schwer weiter.

Beispiel:

Ein Werbeetat soll auf die Werbemittel Plakate, Broschüren, Fernsehen und Rundfunk wie folgt verteilt werden:

Für Plakate und Broschüren soll halb soviel Geld ausgegeben werden, wie für Fernsehen und Rundfunk.

Für Fernsehwerbung soll doppelt so viel ausgegeben werden, wie für die Rundfunkwerbung.

Für Broschüren soll nur ein Viertel des Geldes, das für Plakate verwendet wird, eingesetzt werden.

Wie ist der Etat zu verteilen?

Lösung:

Um uns Schreibarbeit zu ersparen, definieren wir:

P = Budgetanteil für Plakate

B = Budgetanteil für Broschüren

R = Budgetanteil für Rundfunkwerbung

F = Budgetanteil für Fernsehwerbung

Dann formulieren wir die Textaussage einfach in Gleichungen um:

Für Plakate und Broschüren soll halb soviel Geld ausgegeben werden, wie für Fernsehen und Rundfunk.

$$I \quad P + B = \frac{1}{2}(F + R)$$

Für Fernsehwerbung soll doppelt so viel ausgegeben werden, wie für die Rundfunkwerbung.

$$II \quad F = 2R$$

Für Broschüren soll nur ein Viertel des Geldes, das für Plakate verwendet wird, eingesetzt werden.

$$III \quad B = \frac{1}{4}P$$

Für vier Unbekannte braucht man vier linear unabhängige Gleichungen, wir haben bisher erst drei.

Wir wissen aber: Das Gesamtbudget soll auf die 4 Werbemittel verteilt werden, es bleibt also kein Rest.

$$IV \quad P + B + R + F = 1 \quad \text{oder} \quad P + B + R + F = 100\%$$

Setzen wir II in I ein:

$$II' \quad P + B = \frac{1}{2}(2R + R) \Rightarrow P + B = \frac{1}{2} \cdot 3R \Rightarrow P + B = 1{,}5R$$

Mit III können wir B aus II' ersetzen:

$$II'' \quad P + B = 1{,}5R \Rightarrow P + \frac{1}{4}P = 1{,}5R \Rightarrow 1{,}25P = 1{,}5R \Rightarrow P = 1{,}2R$$

Setzen wir diese Lösung in III ein:

$$III' \quad B = \frac{1}{4}P \Rightarrow B = \frac{1}{4} \cdot 1{,}2R \Rightarrow B = 0{,}3R$$

Jetzt können wir F, P und B mit R ausdrücken und somit R durch die letzte Gleichung bestimmen:

$$IV \quad P + B + R + F = 1 \Rightarrow 1{,}2R + 0{,}3R + R + 2R = 1 \Rightarrow 4{,}5R = 1 \Rightarrow R = 0{,}\overline{2} = 22{,}\overline{2}\%$$

Dann können wir die anderen Anteile bestimmen:

$$B = 0{,}3R = 0{,}3 \cdot 0{,}\overline{2} = 0{,}0\overline{6} = 6{,}\overline{6}\%$$

$$P = 1{,}2R = 1{,}2 \cdot 0{,}\overline{2} = 0{,}2\overline{6} = 26{,}\overline{6}\%$$

$$F = 2R = 2 \cdot 0{,}\overline{2} = 0{,}\overline{4} = 44{,}\overline{4}\%$$

Lineare Gleichungen können selber wieder Funktionen sein. Damit ergeben sich sehr typische Fragestellungen in der Wirtschaft.

Beispiel:

Nehmen wir die Kostenfunktion, die wir uns im Kapitel über Funktionen hergeleitet hatten:

$$K = K(x) = 405.000 + 26 \cdot x$$

Wenn ein Produkt für 80 € verkauft wird, wieviel Stück müssen dann in einem Jahr produziert und verkauft werden, um Gewinn erzielen zu können?[4]

Der Gewinn ergibt sich aus *Umsatz – Kosten*. Ist der Umsatz genau so groß wie die Kosten, dann ergibt sich kein Gewinn (Gewinn = 0). Wird mehr verkauft, entsteht Gewinn, wird weniger verkauft, entsteht Verlust.

Wir brauchen also noch eine zweite Funktion für den Umsatz. *Umsatz = Preis · Absatz*:

$$U = U(x) = 80 \cdot x \quad [5]$$

Setzen wir beide Funktionen gleich, so ergibt sich der Punkt an dem der Gewinn genau Null ist.

$$U(x) = K(x)$$

$$80x = 405.000 + 26x | - 26x$$

$$54x = 405.000 | \div 54$$

$$x = 7.500$$

Bei 7.500 Stück ist der Gewinn Null. Ab dem 7.501. Stück wird Gewinn gemacht.

Aufgabe 2

1.) Kurt Knecht (KK) erhält als angestellter Vertreter ein Fixum von 1.000 € pro Monat. Von den vermittelten Umsätzen erhält er 2% Provision.
Ludwig Laber (LL) erhält als selbständiger Vertreter 5% Provision von den vermittelten Umsätzen, aber kein Fixum.
Erstellen Sie für beide Vertreter eine Verdienstfunktion und berechnen Sie, ab welchem Umsatz LL mehr als KK verdient.

2.) Gustav Grübel (GG) überlegt, ob er sich für seinen Betrieb einen Pkw als Dieselfahrzeug oder als Benzinfahrzeug kaufen soll. Die Nutzungsdauer der Fahrzeuge beträgt einheitlich 6 Jahre. Die Anschaffungskosten betragen beim Diesel 33.000 € und beim Benziner 30.000 €. Die Anschaffungskosten sollen gleichmäßig über die Nutzungsdauer verteilt werden. Der Diesel verbraucht 6 Liter auf 100 km zu einem Preis von 90 Cent/l. Der Benziner verbraucht 9 Liter auf 100 km zu einem Preis von 1,10 €/l.
Die Kfz-Steuern betragen 150 € beim Benzinfahrzeug und 450 € beim Diesel jeweils pro Jahr.
Erstellen Sie für beide Fahrzeuge jeweils eine Kostenfunktion mit der Variablen x für gefahrene Kilometer und berechnen Sie jeweils die Kosten für 10.000 km pro Jahr und 15.000 km pro Jahr. Ab welcher Fahrleistung ist der Diesel günstiger, als der Benziner?

---

[4] Das ist im Rechnungswesen (speziell in der Kostenrechnung) die Fragestellung nach der Gewinnschwelle bzw. dem break-even-point.
[5] In einigen Darstellungen verwendet man statt U auch $E = E(x)$ für Erlöse.

5 Quadratische Gleichungen

Bei quadratischen Gleichungen tritt mindestens eine Variable mit dem Exponenten 2 auf. Hier sollte man wenigstens die quadratische Ergänzung zum Lösen von quadratischen Gleichungen beherrschen.

Binomische Formeln

Die binomischen Formeln in der zweiten Potenz lauten:
$$(a+b)^2 = a^2 + 2ab + b^2$$
$$(a-b)^2 = a^2 - 2ab + b^2$$
$$(a+b)(a-b) = a^2 - b^2$$

Aufgabe 1

Lösen Sie folgende Klammerausdrücke auf.

1.) $(u + v)^2$

2.) $(3a + 4b)^2$

3.) $(c + 2v)^2$

4.) $(4h + 5i)^2$

5.1 Quadratische Ergänzung

Die binomischen Formeln sind notwendig, um quadratische Gleichungen in der Form $ax^2 + bx + c$ lösen zu können.

Beispiel:
$x^2 + 2x + 1 = 16$ Wie groß ist dann x?

Aus dieser Gleichung erzeugt man eine binomische Formel in der Form
$a^2 + 2ab + b^2$

Dann muß gelten:
$$x^2 + 2x + 1 = 16 \Rightarrow \underbrace{x^2}_{a^2} + \underbrace{2}_{2} \cdot \underbrace{x}_{a} \cdot \underbrace{1}_{b} + \underbrace{1}_{b^2} = 16$$

Damit die Aussage stimmt muß $a^2 = x^2$ sein. Dann ist aber auch $a = x$.
Da der zweite Teil der binomischen Formel $2ab$ lautet und $a = x$ gilt, muß $b = 1$ sein.
Wenn aber $b = 1$ ist, dann ist auch $b^2 = 1$.
Dann können wir die Formel nach der Regel für binomische Formeln auch umschreiben:

$$a^2 + 2ab + b^2 = (a+b)^2$$
$$x^2 + 2x + 1 = (x+1)^2 = 16$$
$$(x+1)^2 = 16 \big| \sqrt{}$$

$x - 1 = \pm 4 \big| -1$ Die Quadratwurzel aus *16* läßt zwei Lösungen zu: *+4* oder *–4*.
(Denn $(+4)^2 = 16$ und $(-4)^2 = 16$).

$x_1 = -5, x_2 = 3$ Damit haben wir auch zwei Lösungen für unser x. Wenn
wir mit *–4* rechnen erhalten wir *–5* als Lösung, sonst *+3*.

Die Reihenfolge der Lösungswerte ist natürlich unerheblich. Für beide Lösungen ist die Ausgangsaussage erfüllt. x muß also *–5* oder *+3* sein.

Selbstverständlich wird keine Aufgabe so freundlich gestellt, wie die vorangegangene, wo die binomische Formel praktisch schon fertig aufgestellt wurde. Vielmehr müssen wir selbst dies Wissen anwenden und uns eine passende Formel erzeugen.

Beispiel:
$5x^2 + 15x = 33,75$ Wie groß ist dann x?

Lösung:
Vereinfachen wir erst einmal:
$5x^2 + 15x = 33,75 \big| \div 5$

$x^2 + 3x = 6,75$ Die binomische Formel lautet: $a^2 + 2ab + b^2 = (a+b)^2$

$\underbrace{x^2}_{a^2} + \underbrace{3x}_{2ab} = 6,75$ a^2 ist dann wieder x^2 und damit $a = x$. $2ab$ sind dann $3x$.

$\underbrace{x^2}_{a^2} + \underbrace{3\ x}_{2ba} = 6,75$ Da $a = x$, muß gelten $3 = 2b$ und damit $b = 1,5$. Die Formel müßte weitergehen mit: $+ b^2$ oder $+ 1,5^2$. Da das aber nicht der Fall ist, müssen wir selbst diese Ergänzung vornehmen[6].
Wenn wir allerdings auf einer Seite der Gleichung eine Ergänzung hinzu fügen, müssen wir dies auf der anderen Seite genauso durchführen, um das Gleichgewicht zu erhalten.

$x^2 + 3x + 1,5^2 = 6,75 + 1,5^2$ Und es gilt: $a^2 + 2ab + b^2 = (a+b)^2$ mit $a = x$ und $b = 1,5$.

$(x + 1,5)^2 = 9$ Durch das Ziehen der Wurzel ist nun die Lösung bestimmbar.

$x + 1,5 = \pm 3$ Rechnen wir alternativ mit *+3* und *–3* weiter, ergeben sich wieder zwei Lösungswerte.

$x_1 = 1,5; x_2 = -4,5$

Allgemein kann die quadratische Ergänzung angewendet werden, bei Termen in der Form: $ax^2 + bx + c$. Existiert c nicht (ist also $c = 0$) kann man das Verfahren auch anwenden, es gibt aber einen einfacheren Weg, nämlich das Faktorisieren (= Ausklammern).

---

[6] Dies ist der eigentliche Rechenschritt der „quadratischen Ergänzung", nämlich b^2, bzw. $1,5^2$ muß hier ergänzt werden.

Beispiel:

$2x^2 + 7x = 0$ Wie groß ist dann x?

Lösung:

Die Variable x wird ausgeklammert.[7]

$x \cdot (2x + 7) = 0$ Die Null als Lösung kann nur richtig sein, wenn einer der Faktoren Null ist.

$$x = 0 \text{ oder}$$

$$(2x + 7) = 0 | - 7$$

$$2x = -7 | \div 2$$

$$x = -3,5$$

Auch so erhält man die beiden richtigen Lösungen.

5.2 Satz des Vieta = p-q-Formel

VIETA hat die quadratische Ergänzung allgemein berechnet und eine Formel aufgestellt, die man dann einheitlich auf alle Probleme anwenden kann, die als Lösung die quadratische Ergänzung erfordern.[8]

Da es immer zwei Lösungen bei quadratischen Gleichungen gibt, lauten die Lösungen:

$$x_1 = -\frac{p}{2} + \sqrt{\left(\frac{p}{2}\right)^2 - q} \text{ und } x_2 = -\frac{p}{2} - \sqrt{\left(\frac{p}{2}\right)^2 - q}$$

Dabei ist der von der Aufgabenstellung vorgegebene Term immer so umzuformen, daß die Variable im Quadrat (x^2) den Faktor 1 aufweist. Dann ist der Ausdruck in die sogenannte Nullform zu überführen. Die Nullform ist nichts anderes als: *Ausdruck = 0*.

Für die Lösungsformel gilt:

p = Faktor vor der Variablen in der ersten Potenz (also Faktor vor dem x).

q = Absoluter Bestandteil des Terms, der unabhängig von x ist (= festes Glied des Terms)

Dazu noch einmal ein vorangegangenes Beispiel:

Beispiel:

$5x^2 + 15x = 33,75$ Wie groß ist dann x?

Lösung:

Der Anfang ist wieder genauso, da wir als Faktor vor x^2 die *1* brauchen:

$5x^2 + 15x = 33,75 | \div 5$

$x^2 + 3x = 6,75$ Jetzt müssen wir die Nullform erzeugen. Dazu bringen wir die *6,75* auf die andere Seite der Gleichung. (−6,75)

---

[7] Aus der Summe wird ein Produkt erzeugt, mit x als Faktor, deshalb: Faktorisieren.

[8] Heute ist die Bezeichnung p-q-Formel sehr gängig. In älteren Formelsammlungen findet man sie immer noch unter V wie Vieta.

$$x^2 + \underbrace{3}_{p}x\underbrace{-6{,}75}_{q} = 0$$

Dann ist p der Faktor vor dem x, also 3 und q das absolute Glied: $-6{,}75$ (das Vorzeichen gehört zu q!)

Dann setzen wir ein:

$$x_1 = -\frac{p}{2} + \sqrt{\left(\frac{p}{2}\right)^2 - q} \qquad\qquad x_2 = -\frac{p}{2} - \sqrt{\left(\frac{p}{2}\right)^2 - q}$$

$$x_1 = -\frac{3}{2} + \sqrt{\left(\frac{3}{2}\right)^2 - (-6{,}75)} \qquad\qquad x_2 = -\frac{3}{2} - \sqrt{\left(\frac{3}{2}\right)^2 - (-6{,}75)}$$

$$x_1 = -1{,}5 + \sqrt{(1{,}5)^2 + 6{,}75)} \qquad\qquad x_2 = -1{,}5 - \sqrt{(1{,}5)^2 + 6{,}75)}$$

$$x_1 = 1{,}5 \qquad\qquad\qquad\qquad x_2 = -4{,}5$$

Welchen Weg Sie wählen, bleibt natürlich Ihnen überlassen. Die p-q-Formel ist immer wieder dieselbe gleichförmige Anwendung der Formeln. Hat man hier Routine entwickelt, ist dies wahrscheinlich der schnellere Weg.

Die Methode der quadratischen Ergänzung hat zwar den Nachteil, daß man selber denken muß, aber man braucht nichts auswendig zu lernen. Nach längerer Zeit wissen viele nicht mehr, was war eigentlich p und was q? Und wie war die Formel?

Wer sich nur auf die p-q-Formel verläßt, muß sie sicher beherrschen, da es sonst kein Weiterkommen gibt.

Als Hinweis: Die meisten Mathematiker sind typischerweise überhaupt nicht vom Auswendiglernen begeistert und wenden deshalb die quadratische Ergänzung an.

Das gilt auch für die meisten Mathematikdozenten! Da aus organisatorischen Gründen in Klausuren in der Regel nur vorgegebene Formelsammlung verwendet werden dürfen, werden Sie hier fast nie die p-q-Formel finden; nicht aus Bosheit, sondern weil Ihr Dozent daran gar nicht denkt!

Aufgabe 2

Berechnen Sie jeweils den Lösungswert für die gegebene Variable.

1.) $x^2 + 9x = 28{,}75$

2.) $4s^2 - 15s + 1{,}1025 = 0$

3.) $5j^2 + 8j = 0$

5.3 Wozu benötigt man quadratische Gleichungen?

Lapidar gesagt: Immer, wenn man ein Problem hat, das durch eine quadratische Gleichung beschrieben wird, in der die Unbekannte in der zweiten und in der ersten Potenz auftritt (x^2, x).

Sehr gute praktische Beispiele ergeben sich, wenn man hierzu das Kapitel der Differenzialrechnung betrachtet. Wir können aber zunächst ein Beispiel aus der Zinsrechnung heranziehen:

Beispiel:
Ein Anleger spart 2 Jahre lang 4.000 € pro Jahr, die er zu Beginn des Jahres auf ein Sparkonto einzahlt. Er bekommt einen festen Zinssatz, der für beide Jahre gleich hoch ist. Nach Ablauf der beiden Jahre möchte der Anleger über 9.000 € verfügen.
Wie hoch muß der Zinssatz sein?

Lösung:
Nach dem ersten Jahr hat unser Anleger *4.000 € + Zinsen = 4.000 · (1+Zinssatz)*
Nach dem zweiten Jahr hat er den Betrag vom ersten Jahr + Zinsen + Zahlung im zweiten Jahr + Zinsen darauf.
Also, wenn wir mit *i* den Zinssatz bezeichnen:

$$4.000 \cdot (1+i) \cdot (1+i) + 4.000 \cdot (1+i)$$

Zahlung Zinsen Zinsen Zahlung Zinsen
1. Jahr   1. Jahr 2. Jahr 2. Jahr 2. Jahr

Oder zusammengefaßt: Die erste Zahlung wird zwei Jahre verzinst, die zweite Zahlung nur ein Jahr:

$$4.000 \cdot (1+i)^2 + 4.000 \cdot (1+i) = 9.000 \,|\div 4.000$$

$$(1+i)^2 + (1+i) = \frac{9.000}{4.000}$$

Es galt: $a^2 + 2ab + b^2 = (a+b)^2$, somit: $a^2 = (1+i)^2$, $a = 1+i$

$2ab = (1+i)$, da $a = (1+i)$ muß $b = 0,5$ sein, dann ist $2 \cdot 0,5 = 1$ und es gilt auch $2ab = (1+i)$

Das Quadrat von *b* wird ergänzt, also $+ 0,5^2$.

$$(1+i)^2 + (1+i) + 0,5^2 = \frac{9}{4} + 0,5^2$$

$$((1+i) + 0,5)^2 = 2,5 \,|\sqrt{}$$

$$(1+i) + 0,5 = \pm\sqrt{2,5}$$

$$1,5 + i = \pm\sqrt{2,5} \,|- 1,5$$

$$i = \pm\sqrt{2,5} - 1,5$$

Damit $i_1 = 0,081139$ und $i_2 = -0,081139$
Eine negative Verzinsung gibt bei der Aufgabenstellung keinen Sinn. Wir können also die zweite Lösung ausschließen.
Damit ist *i = 0,081139 = 8,1139%.*
Bei gerundet 8,11% ist die Vorstellung des Anlegers erreicht!

6 Differentialrechnung

Mit der Differentialrechnung möchte man Aussagen über den Verlauf einer Funktion treffen und zwar ohne jedes mal die Funktion zeichnen zu müssen. Insbesondere möchte man wissen, wo Extremwerte liegen. Also, wo die Funktion ein Minimum oder ein Maximum aufweist und wo ggf. Wendepunkte liegen. In der Wirtschaftswissenschaft ist die Bestimmung von Minimum oder Maximum besonders wichtig.

6.1 Steigung einer Funktion

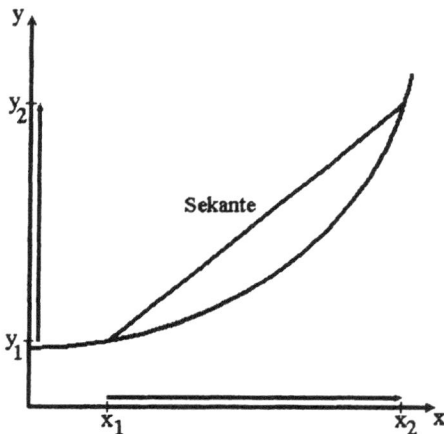

Unsere Funktion soll lauten: $y = f(x)$

Sekantensteigung

Um Aussagen über das Steigungsverhalten einer Funktion treffen zu können, wählt man zunächst die Annährung über die sogenannte Sekantensteigung.
Eine Sekante ist eine Gerade, die eine Funktion in genau zwei Punkten schneidet.
Die Steigung der Sekante ist für die Strecke von x_1 zu x_2 identisch mit der Steigung der Funktion $f(x)$. Beide beginnen auf der Höhe y_1 und steigen bis auf die Höhe y_2. Dabei kann die Sekante nur eine Näherung für die Funktion sein. Insgesamt wird zwar der identische Höhenunterschied bewältigt, die Sekante verläuft aber völlig geradlinig, während die Funktion $f(x)$ krummlinig verläuft. Die Funktion hat zunächst eine sehr flache Steigung und wird dann immer steiler, während die Sekante immer die selbe Steigung hat. Immer die selbe Steigung läßt sich zunächst aber sehr viel einfacher ausdrücken, nämlich: Auf dem Weg von x_1 zu x_2 (= $x_2 - x_1$) überwindet man den Höhenunterschied von y_1 zu y_2 (= $y_2 - y_1$).

Die Sekantensteigung lautet:[9]

$$\frac{y_2 - y_1}{x_2 - x_1}$$

Die y-Werte lassen sich aber auch durch die Funktion f(x) berechnen, denn durch einsetzen von x_1 erhält man y_1, für x_2 erhält man y_2. Somit gilt auch:

$$\frac{y_2 - y_1}{x_2 - x_1} = \frac{f(x_2) - f(x_1)}{x_2 - x_1}$$

Man schreibt dies auch folgendermaßen:

$$\frac{\Delta y}{\Delta x} \quad \text{(gesprochen: „Delta y geteilt durch Delta x“)}$$

Der griechische Großbuchstabe Delta (= griechisch D) wird allgemein häufig für Differenzen angewendet. Das bedeutet also: Differenz der y-Werte geteilt durch die Differenz der x-Werte.

Wenn man die Steigung durch einen Winkel (hier: klein Alpha: α) angeben möchte, dann ergibt sich:

$$\frac{\Delta y}{\Delta x} = \frac{Gegenkathete}{Ankathete} = \tan \alpha$$

Läßt man in der Zeichnung die Funktion außer Betracht, so bildet die Sekante mit den Größen Δy und Δx ein rechtwinkliges Dreieck, in dem Δy gegenüber von α liegt, wobei Δx an α anliegt. Das ist die Definition für den Tangens eines Winkels.
Alle diese Darstellungen beschreiben den Anstieg einer Sekante und das ist im Durchschnitt auch der Anstieg der Funktion f(x).[10]

Tangentensteigung (= Punktsteigung)

Die Sekantensteigung gab nur einen Näherungswert für das Steigungsverhalten einer Funktion an, einen Durchschnittswert. Wenn man die genaue Steigung wissen möchte, dann muß man die Steigung in einem Punkt bestimmen, da sich die Steigung unserer Funktion ständig ändert. Eine Tangente bezeichnet eine Gerade, die eine Funktion in genau einem Punkt berührt.
Die Tangentensteigung wurde ausgehend aus der Sekantensteigung entwickelt. Wenn man den Abstand zwischen Start- und Endpunkt verringert, dann wird die Aussage der Sekantensteigung immer genauer, denn das Steigungsdreieck wird kleiner und die Sekante stimmt bei sehr kleinen Dreiecken nahezu mit der Funktion überein.
Mathematisch erreicht man dies, indem man x_2 auf x_1 zulaufen läßt, bzw. indem man Δx gegen Null laufen läßt. *Gegen* Null, weil man ansonsten das Problem erhält, durch Null teilen zu

---

[9] Wenn Sie Schwierigkeiten mit den theoretischen Vorstellungen haben, dann können Sie einfach Zahlen einsetzen. Stellen Sie sich vor, Sie fahren mit Ihrem Auto von Ihrer Stadtwohnung hinaus aufs Land um dann einen Berg hinauf zu fahren. Nach 5 Kilometern erreichen Sie den Bergsockel. Ihre Starthöhe beträgt 100 Meter über dem Meeresspiegel, der Berg ist 900 Meter hoch. Von Ihrem Startpunkt (Ihre Wohnung in der Stadt) bis zum Berggipfel sind es nach der Karte 15 Kilometer Luftlinie. Also überwinden Sie mit Ihrem Auto eine Höhe von 800 Metern (900 – 100), wofür Sie eine Strecke von 10 km (15 – 5) bzw. 10.000 Metern zurücklegen müssen. Wenn der Berg ganz gleichmäßig, wie eine Rampe anstiege (= Sekante), dann hätten Sie einen Höhenunterschied von 800 m pro 10.000 m bewältigt, oder 800 / 10.000 = 0,08 = 8% (Steigung).
[10] Viele Dozenten (gerade auch Volkswirte) verwenden die Darstellungen, die ihnen selbst am Genehmsten sind. Deshalb sollten hier nochmals alle Möglichkeiten gezeigt werden. Alles bedeutet das selbe: Nämlich Steigung einer Geraden.

müssen, was mathematisch nicht definiert ist. Man bestimmt also den Grenzwert, bzw. den Limes (lim).

$$lim_{x_2 \to x_1} \frac{f(x_2) - f(x_1)}{x_2 - x_1} = lim_{\Delta x \to 0} \frac{\Delta y}{\Delta x}$$ (gesprochen: „Grenzwert für x_2 läuft gegen x_1")

Als Ergebnis ergibt sich das Differential oder die erste Ableitung einer Funktion:[11]

$$\frac{dy}{dx} = f'(x)$$

Dabei spricht man die erste Form: „d y nach d x" oder „differenziere y nach (der Variablen) x."

In der Schule lernt man meist die zweite Darstellung: „f Strich von x".

Auch wenn man sich mit dieser Aussage meist furchtbar unbeliebt macht: Die erste Darstellung ist in der Wirtschaftswissenschaft üblich![12]

Diese Darstellung hat sich deshalb durchgesetzt, weil man es mit einer Vielzahl von Funktionen zu tun hat. Um genau zu zeigen welche Funktion nach welcher Variablen abzuleiten ist, wählt man diese Form. Solange man eine Funktion vorliegen hat, die nur von einer einzigen Variablen abhängt, ist die Schreibweise an sich unerheblich, da es keine Verständnisprobleme geben kann, nach welcher Variablen abzuleiten ist.

Eine solche Aussage benötigt man aber zwingend, wenn man eine Funktion vorliegen hat, die von mehr als einer Variablen abhängt (vergl. Kapitel Partielle Differentiation).

6.2 Bilden der Ableitung

Die erste Ableitung wird folgendermaßen gebildet:

$$f(x) = x^n \Rightarrow f'(x) = nx^{n-1}$$

Der Exponent (n) wird als Faktor vor die Variable (x) gezogen. Der neue Exponent ist um 1 kleiner.

$$f(x) = a \cdot x^n \Rightarrow f'(x) = n \cdot a \cdot x^{n-1}$$

Die Regel gilt genauso, wenn bereits ein beliebiger Faktor vor der Variablen existiert (a), wobei auch das Vorzeichen unerheblich ist.

Beispiel:

Für die Funktion $f(x) = 3x$ ist die erste Ableitung zu bilden. Der Exponent ist 1, ($f(x) = 3x = 3x^1$) und wird zum Faktor, der neue Exponent ist um 1 kleiner.

$f'(x) = 1 \cdot 3 \cdot x^0$. Da Potenzieren mit Null 1 ergibt, fällt die Variable x heraus und es bleibt: $f'(x) = 3$.

---

[11] Auf das komplette Beweisverfahren wird hier verzichtet, da die Anwendung im Vordergrund steht. Abiturienten sollten sich hiermit genügend erinnern können.

[12] Bitte glauben Sie das! Ich sage das in allen meinen eigenen Vorlesungen, aber die Gewohnheit aus der Schule scheint übermächtig. Sie machen sich das Leben selber unnötig schwer, wenn Sie die Darstellung dy/dx vernachlässigen. In nahezu der gesamten Wirtschaftsliteratur werden Sie ausschließlich diese Form finden!

Die Steigung in einem Punkt ist *3*. Sie hängt nicht von der Position ab, an der man sich befindet. In jedem beliebigen Punkt ist die Steigung *3*. Es wurde bereits erwähnt, daß Funktionen mit dem Exponenten *1* immer linear verlaufen. Man braucht nur zwei Punkte zu bestimmen, um eine solche Funktion zeichnen zu können. Dies ist deckungsgleich mit der Aussage, daß die Steigung überall gleich ist.

Man kann sich die Aussage der Steigung an dem Zahlenbeispiel ansehen:

	−3	−2	−1	0	1	2	3
$f(x) = 3x$	−9	−6	−3	0	3	6	9
$f'(x) = 3$	3	3	3	3	3	3	3

Wenn man im Punkt −3 startet und sich zu Punkt −2 bewegt, so ändert sich der Funktionswert von −9 auf −6. Der Unterschied ist genau +3, nämlich die Steigung.
Das gilt für jeden beliebigen Startpunkt!

Beispiel:
Für die Funktion $f(x) = x^2$ ist die erste Ableitung zu bilden. Die *2* wird zum Faktor. Der neue Exponent ist um *1* kleiner:
$f'(x) = 2x^1$. Die *1* als Exponenten brauchen wir nicht extra zu schreiben, also: $f'(x)=2x$.
Die Steigung beträgt in jedem Punkt der Funktion *2x*. Die Steigung hängt also davon ab, an welcher Stelle der Funktion man sich befindet.

Setzen wir wieder die Zahlen von eben ein:

	−3	−2	−1	0	1	2	3
$f(x) = x^2$	9	4	1	0	1	4	9
$f'(x) = 2x$	−6	−4	−2	0	2	4	6

Im Punkt −3 beträgt die Steigung −6 (nämlich *2x = 2 · (−3) = −6*).
Die Aussage, die wir eben getroffen haben, stimmt hier leider nicht: Bewegt man sich von −3 zu −2, dann ändert sich der Funktionswert von 9 auf 4. *9 − 6* (= Steigung) ist aber nicht *4*, sondern *3*.
Genauso verhält es sich bei allen Bewegungen von einem Startpunkt zu dem nächsten Wert.

Woran liegt das?
Das Problem besteht darin, das x^2 eben keine Gerade ist, sondern eine Kurve (genauer: eine Parabel). Die Steigung der Funktion ist in jedem Punkt eine andere. Wenn wir uns den Punkt *x = −2,9* ansehen, dann ist die Steigung hier: *−5,8 (2x = 2 · (−2,9) = −5,8)*, also schon anders als im Punkt *x = −3*. Im Punkt *x = −2,999999* unterscheidet sich die Steigung mit *−5,999998* auch schon minimal von der im Startpunkt −3.

Ableitung von Konstanten:

Die Ableitung einer konstanten Größe, die für sich alleine steht, ergibt immer Null.
$y = f(x) = a \Rightarrow f'(x) = 0$

Man kann sich das durch Anwenden der Ausgangsregel überlegen:

$y = f(x) = a$ ist gleichbedeutend mit $y = f(x) = a \cdot x^0$, denn $x^0 = 1$.

Bei der Ableitung wird der Exponent zum Faktor:

$f'(x) = 0 \cdot a \cdot x^{-1} = 0$

Alles, was mit Null multipliziert wird, ergibt auch Null.

Oder man setzt wieder Zahlen ein:

$y = f(x) = 6$

y hängt nicht von x ab. Egal welchen x-Wert man angibt. y ist immer 6. Zeichnet man dies auf, so ergibt sich eine Parallele zur x-Achse auf der Höhe (= y-Wert) 6. Es gibt also keine Höhenänderung, weder nach oben, noch nach unten. Die Ableitung ist aber gerade die Steigung einer Funktion. Keine Steigung bedeutet: *Ableitung = 0.*

Aufgabe 1

Bestimmen Sie die erste Ableitung der folgenden Funktionen y mit der Variablen x.

1.) $y = x^3$

2.) $y = 2x^2$

3.) $y = 23x^{17}$

4.) $y = ax^5$

5.) $y = 5cx^7$

6.) $y = 4x^c$

7.) $y = 7$

8.) $y = x^{1/3}$

9.) $y = \sqrt{x}$

Ableitungsregeln für zusammengesetzte Funktionen

Summenregel:

$f(x) = f_1(x) + f_2(x) + f_3(x) + \ldots + f_n(x)$

$f'(x) = f_1'(x) + f_2'(x) + f_3'(x) + \ldots + f_n'(x)$

Setzt sich eine Funktion aus Teilfunktionen zusammen, die addiert oder subtrahiert werden, so werden die Teilfunktionen abgeleitet und dann addiert bzw. subtrahiert.

Beispiel:

$f(x) = 3 + x^2 + 7x^3$

$f(x) = 0 + 2x^1 + 3 \cdot 7x^2 = 2x + 21x^2$

Produktregel:

$$f(x) = f_1(x) \cdot f_2(x)$$
$$f'(x) = f_1^|(x) \cdot f_2(x) + f_1(x) \cdot f_2^|(x)$$

Beispiel:
$$f(x) = \underbrace{2x}_{f_1(x)} \cdot \underbrace{(x^3 + x^4)}_{f_2(x)}$$

$$f'(x) = \underbrace{2}_{f_1^|(x)} \cdot \underbrace{(x^3 + x^4)}_{f_2(x)} + \underbrace{2x}_{f_1(x)} \cdot \underbrace{(3x^2 + 4x^3)}_{f_2^|(x)} \quad \text{Lösen wir die Klammern auf:}$$

$$f'(x) = 2x^3 + 2x^4 + 6x^3 + 8x^4 = 8x^3 + 10x^4$$

Prüfen wir dies, indem wir erst $f(x)$ umformen und dann ableiten:
$$f(x) = 2x \cdot (x^3 + x^4) = 2x^4 + 2x^5$$
$$f'(x) = 4 \cdot 2x^3 + 5 \cdot 2x^4 = 8x^3 + 10x^4$$

Jetzt werden Sie zurecht einwenden, daß dieser Weg sehr viel einfacher ist. In der Tat ist dies meistens so, wenn man die Produktregel für sich allein anwendet. Eine echte Arbeitsersparnis bietet sich hier erst, wenn man sie in Kombination mit der Kettenregel anwendet.

Quotientenregel:

$$f(x) = \frac{f_1(x)}{f_2(x)}$$
$$f'(x) = \frac{f_1^|(x) \cdot f_2(x) - f_1(x) \cdot f_2^|(x)}{(f_2(x))^2}$$

Beispiel:
$$f(x) = \frac{3x - 4 \quad \}f_1(x)}{x^2 \quad \}f_2(x)}$$

$$f'(x) = \frac{\overbrace{(3-0)}^{f_1^|(x)} \cdot \overbrace{x^2}^{f_2(x)} - \overbrace{(3x-4)}^{f_1(x)} \cdot \overbrace{2x}^{f_2^|(x)}}{\underbrace{(x^2)^2}_{(f_2(x))^2}} \quad \text{Fassen wir zusammen:}$$

$$f'(x) = \frac{3x^2 - (6x^2 - 8x)}{x^4} = \frac{3x^2 - 6x^2 + 8x}{x^4} = \frac{-3x^2 + 8x}{x^4}$$

Man kann dies weiter vereinfachen, wenn man x ausklammert:
$$f'(x) = \frac{-3x^2 + 8x}{x^4} = \frac{x(-3x + 8)}{x \cdot x^3} = \frac{-3x + 8}{x^3}$$

Kettenregel:

Die Kettenregel wird angewendet, wenn zwei Funktionen ineinander verschachtelt sind.
$z = f(y)$, $y = g(x)$. z ist eine Funktion, die von y abhängt, y hängt als Funktion wiederum von x ab. Wenn man nun z nach x ableiten möchte, wird die Kettenregel eingesetzt. Hier bietet sich die Schreibweise an:

$\dfrac{dz}{dx}$ Differenziere z nach x.

$\dfrac{dz}{dx} = \dfrac{dz}{dy} \cdot \dfrac{dy}{dx}$ z wird nach y abgeleitet und y nach x. Die Ergebnisse werden multipliziert.

Oder: $f_x^| = f'(y) \cdot g'(x)$

Man bezeichnet die Ableitungsschritte auch als: *äußere Ableitung · innere Ableitung*.

$$\frac{dz}{dx} = \underbrace{\frac{dz}{dy}}_{\text{äußere Ableitung}} \cdot \underbrace{\frac{dy}{dx}}_{\text{innere Ableitung}}$$

Beispiel:
$f(x) = (x^2 + 3x)^3$ Dann ist: $y = (x^2 + 3x)$, nämlich der Ausdruck, der in der Klammer steht.
$f(x) = y^3$

$f'(x) = \underbrace{3y^2}_{\frac{dz}{dy}} \cdot \underbrace{(2x+3)}_{\frac{dy}{dx}}$ Setzt man für y wieder den Klammerausdruck ein

$f'(x) = 3(x^2 + 3x)^2 \cdot (2x + 3)$

Vielen fällt diese Regel schwer. Ich möchte sie deshalb noch einmal anders erklären, wie sie von den meisten besser verstanden wird:

Beispiel:
$f(x) = (x^2 + 3x)^3$

Erster Schritt: Ignorieren Sie, was in der Klammer steht. Tun Sie so, als stünde dort: *Variable³*. Wenn Sie eine beliebige Variable, die mit *3* potenziert wird, ableiten, dann wird die *3* als Faktor vor die Variable gezogen und der neue Exponent ist um *1* kleiner.
Das ist die äußere Ableitung.

Zweiter Schritt: Ignorieren Sie, was außerhalb der Klammer steht, nur der Klammerinhalt ist wichtig. Leiten Sie diesen Klammerinhalt ab. Das ist die innere Ableitung.
$f'(x) = 3(x^2 + 3x)^2 \cdot (2x + 3)$

Aufgabe 2

Bestimmen Sie für folgende Funktionen $y = f(x)$ die erste Ableitung.

1.) $y = 4x^3 + 2x^2 + 5x + 10$

2.) $y = 3x^8 + 3x^4 + 5\sqrt{x}$

3.) $y = 5x - 4x^2$

4.) $y = (x^2 + 3)(2x^2 - 5)$

5.) $y = (x^5 + x^6)(x^2 - 5x^3)$

6.) $y = \dfrac{x^3 - 4}{x}$

7.) $y = \dfrac{3x^3 - 5x^2}{x^4}$

8.) $y = 4(x^2 + 4)^4$

9.) $y = (x^2 + 10x^3)^5 \, 5x$

6.3 Bestimmen von Extremwerten

Minimum und Maximum einer Funktion

Das Bilden von Ableitungen stellt keinen Selbstzweck dar, sondern sollte uns helfen eine Aussage über den Verlauf von Funktionen treffen zu können, ohne das wir diese Funktion zeichnen müssen.

Die für uns entscheidenden Extremwerte einer Funktion sind Minimum und Maximum (oder Tiefpunkt und Hochpunkt einer Funktion).

Setzt man die erste Ableitung (Steigung) Null, so erhält man die Stelle, an der man sich an einem Maximum oder Minimum befindet.

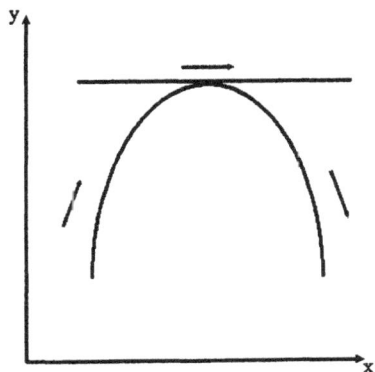

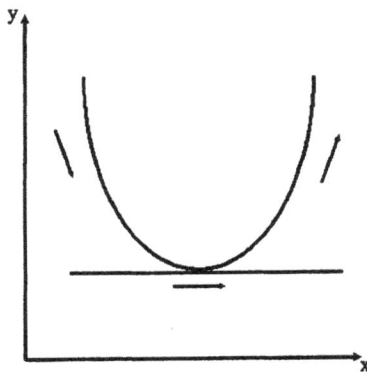

Man kann sich das plastisch vorstellen. Steigt man einen Berg hinauf, der wie eine Parabel verläuft, so geht es steil aufwärts. Die Steigung wird dann immer kleiner, bis man (genau auf der Bergspitze) einen kleinen Schritt geradeaus machen kann, danach geht es abwärts. Die selbe Aussage ist richtig, wenn man durch ein Tal läuft. In der Talsohle geht es einen kleinen Schritt geradeaus (= Nullsteigung).

Beispiel:
$f(x) = x^2 \Rightarrow f'(x) = 2x$ Die erste Ableitung ist die Steigung, diese muß Null sein.

$\quad 2x = 0 | \div 2$

$\qquad x = 0$ An der Stelle $x = 0$ ist auch die Steigung Null.

Damit wissen wir, im Punkt $x = 0$ befindet sich eine Extremstelle, also ein Minimum oder ein Maximum.

Leider zeigt uns die Bedingung: *Erste Ableitung = 0* nur, wo ein Extremwert vorliegt, aber noch nicht, welche Art von Extremwert (Diese Bedingung wird als notwendige Bedingung bezeichnet).

Wir wissen, daß die Funktion als Parabel verläuft und damit, daß ein Minimum vorliegen muß; wenn wir aber dieses Wissen bei anderen Berechnungen nicht haben und auch die Funktion nicht aufzeichnen wollen, dann benötigen wir noch eine weitere Bedingung, die uns zeigt, womit wir es zu tun haben.

An den Zeichnungen können wir einen Unterschied im Steigungsverlauf zwischen Minimum und Maximum erkennen. Man kann sich dies auch wieder plastisch vorstellen. Nehmen Sie an, jemand verbindet Ihnen die Augen und läuft dann mit Ihnen durch ein Tal oder über einen Berg. Wissen Sie hinterher, ob Sie über einen Berg oder durch ein Tal geführt worden sind? Natürlich wissen Sie das! Warum?

Wenn man über einen Berg läuft, dann läuft man erst aufwärts und dann abwärts. Läuft man durch ein Tal, verhält es sich genau umgekehrt, erst geht es abwärts und dann aufwärts. Diese Aussage müssen wir nun mathematisch formulieren.

Für den Weg über den Berg (Maximum) gilt: Erst aufwärts, dann kurz geradeaus, dann abwärts. Das ist nichts anderes als eine Steigungsaussage: Die Steigung ist erst steil positiv, dann wird sie immer flacher (bleibt aber positiv), wird schließlich Null (Bergspitze) und dann negativ.

Die Steigung verläuft vom positiven Bereich in den negativen. Oder: Die Steigung wird beständig kleiner. Die Steigung einer Funktion wird aber ausgedrückt durch die erste Ableitung einer Funktion. Will man wissen, wie sich die Steigung einer Funktion verändert, braucht man die Steigung der Steigung, also die erste Ableitung der ersten Ableitung einer Funktion. Das ist die zweite Ableitung einer Funktion.

Wenn wir die erste Ableitung nochmals ableiten, erhalten wir eine Aussage über den Steigungsverlauf dieser Funktion. Wenn das Ergebnis negativ ist, dann fällt die Steigung, daß heißt aus positiven Zahlen werden negativen, dann geht es erst aufwärts und dann abwärts. Damit haben wir ein Maximum.

Für ein Minimum gilt die selbe Aussage analog. Ist die zweite Ableitung positiv, dann wird die Steigung größer, sie verwandelt sich von negativen Zahlen in Null und dann in positive Zahlen, es geht erst abwärts und dann aufwärts.

Diese zweite Bedingung ist die hinreichende Bedingung:

$f''(x) < 0$, daraus folgt: Maximum.
$f''(x) > 0$, daraus folgt: Minimum.

Mit notwendiger und hinreichender Bedingung läßt sich die Lage eines Extremwertes und die Art des Extremwertes bestimmen.

Beispiel:
Gegeben ist die Funktion $f(x) = -2x^2 + x$. Bestimmen Sie die Lage des Extremwerts und stellen Sie fest, ob ein Minimum oder ein Maximum vorliegt.

Lösung:
Für den Extremwert muß gelten: *Erste Ableitung = 0*, somit:

$f'(x) = 2 \cdot (-2)x + 1 = -4x + 1$

$-4x + 1 = 0 | -1$

$\quad -4x = -1 | \div (-4)$

$\quad\quad x = \dfrac{1}{4} = 0,25$

An der Stelle $x = 0,25$ existiert ein Extremwert.
Um zu erfahren welche Art von Extremwert vorliegt, brauchen wir die zweite Ableitung. Das ist die erste Ableitung nochmals abgeleitet:

$f''(x) = -4x^0 = -4$

Die zweite Ableitung ist immer negativ, also auch in unserem Punkt $x = 0,25$.
Somit liegt im Punkt $x = 0,25$ ein Maximum vor.

Setzen wir diesen Wert in unsere Ausgangsfunktion *f(x)* ein:

$f(x = 0,25) = -2(0,25)^2 + 0,25 = 0,125$

Es gibt keinen höheren Wert für *f(x)* als *0,125*. Jeder beliebige andere Wert, den man für x einsetzt, wird als Ergebnis eine kleinere Zahl aufweisen!

Beispiel:
Gegeben ist die Funktion $f(x) = 4x - 3x^3$. Bestimmen Sie die Lage des Extremwerts und stellen Sie fest, ob ein Minimum oder ein Maximum vorliegt.

Lösung:
Es muß wieder gelten: *Erste Ableitung = 0*, somit:

$f'(x) = 4 - 3(-3)x^2 = 4 - 9x^2$

$4 - 9x^2 = 0 | -4$

$\quad -9x^2 = -4 | \div (-9)$

$\quad\quad x^2 = \dfrac{4}{9} | \sqrt{\ }$

$\quad\quad x = \pm \dfrac{2}{3}$

Es gibt zwei Lösungen.

Wir bilden wieder die zweite Ableitung.

$f''(x) = 2 \cdot (-9)x^1 = -18x$

Die zweite Ableitung hängt von x ab, d. h. in jedem Punkt haben wir ein anderes Ergebnis. Wir brauchen die Ergebnisse für unsere beiden Lösungen, dafür setzen wir diese einfach in die zweite Ableitung ein:

$$f''\left(x=-\frac{2}{3}\right) = -18\cdot\left(-\frac{2}{3}\right) = 12 > 0 \Rightarrow \textit{Minimum}$$

$$f''\left(x=+\frac{2}{3}\right) = -18\cdot\frac{2}{3} = -12 < 0 \Rightarrow \textit{Maximum}$$

Wir haben somit zwei Lösungen in der Funktion vorliegen: Ein Minimum an der Stelle $x = -\frac{2}{3}$ und ein Maximum an der Stelle $x = \frac{2}{3}$.

Aufgabe 3

Bestimmen Sie für folgende Funktion die Extremwerte. Legen Sie fest, ob ein Minimum oder ein Maximum vorliegt.

$$y = f(x) = 5x^3 + 52,5x^2 + 30,15x + 12$$

Wendepunkte einer Funktion

Die Wendepunkte sind für die Wirtschaftstheorie nicht so bedeutend, wie die Bestimmung der Minima und Maxima. Es sollen deshalb nur die Grundlagen erklärt werden.
Die hinreichenden Bedingungen für Minima bzw. Maxima waren: zweite Ableitung ist größer bzw. kleiner als Null.
Wenn aber die zweite Ableitung genau Null ist, dann liegt ein Wendepunkt vor, daß bedeutet, das Steigungsverhalten einer Funktion ändert sich. Die Steigung einer Funktion nimmt also bis zum Wendepunkt immer weiter ab und nimmt nach Überschreiten des Wendepunktes wieder zu oder umgekehrt.

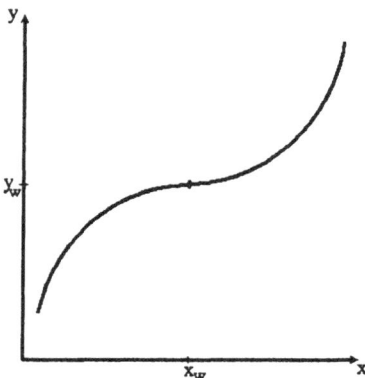

6.4 Wozu benötigt man die Differentialrechnung?

An der vielen Theorie, die wir vorwegnehmen mußten, sieht man schon die Bedeutung der Differentialrechnung. Sie ist mathematisch sicherlich die wichtigste Grundlage für das Studium der Wirtschaftswissenschaften überhaupt.

Worum geht es, wenn man sich mit Wirtschaft beschäftigt? Mit das Erste, was man lernt, ist das ökonomische Prinzip. Mit den Ressourcen soll vernünftig umgegangen werden. Mit dem Minimumprinzip möchte man ein bestimmtes Ziel mit möglichst geringem Einsatz erreichen, bei dem Maximumprinzip möchte man mit gegebenen Mitteln möglichst viel erreichen. Die Differentialrechnung ist hier nichts weiter als die mathematische Umsetzung.

Als Unternehmer möchte man mit möglichst geringen Kosten ein bestimmtes Ergebnis (z. B.: Produktionsmenge oder Umsatz) erreichen. Wir wissen, daß man für Kosten eine Funktion aufstellen kann. Die Differentialrechnung kann uns zeigen, wo das Kostenminimum liegt.

Haben wir eine Funktion für unseren Umsatz und eine Funktion für unsere Kosten, so wissen wir: *Gewinn = Umsatz – Kosten*. Die Differentialrechnung kann uns zeigen, wo in dieser Funktion das Maximum liegt. Sie beantwortet also zum Beispiel die Frage, wieviele Güter soll ich in der gegebenen Situation produzieren und verkaufen, damit ich maximal viel Gewinn erziele?

Beispiel:
Gewinn = Umsatz – Kosten
Umsatz = Preis · Verkaufsmenge
Kosten = Kostenfunktion in Abhängigkeit von der Produktionsmenge bzw. Verkaufsmenge

Aus Vereinfachungsgründen unterstellen wir *Verkaufsmenge = Produktionsmenge = x*. Den *Preis* kürzen wir ab mit *p*. *Umsatz = U. Kosten = K. Gewinn = G.*
Dann können wir verkürzt schreiben:
$G = U - K$
$U = p \cdot x$
$K = K(x)$

Nehmen wir konkrete Zahlen:
$$G = G(x) = 10x - \left(20 + 5x + \frac{1}{10}x^2\right)$$

Demnach ist *10x* unser Umsatz *U*. Da *x* die Menge darstellt, ist *10* der Preis. Man verkauft hier also ein Stück für *10* (Geldeinheiten, Euro, Tausend Euro; die Maßeinheit ist in der Mathematik nicht so bedeutsam, da die Berechnung immer nach dem selben Schema abläuft).

Der Teil, der in Klammern steht, wird vom Umsatz abgezogen und stellt somit die Kosten dar: $K = \left(20 + 5x + \frac{1}{10}x^2\right)$. Dabei ist die *20* unabhängig von *x*. Egal, inwieweit *x* geändert wird, die *20* bleibt in der selben Höhe vorhanden, es muß sich also um fixe Kosten handeln. *5x* hängt direkt (proportional) von *x* ab. Verdoppelt man *x*, so verdoppelt man diesen Teil der Kosten. Es handelt sich um proportional variable Kosten. Es könnten darin zum Beispiel Rohstoffe enthalten sein. Produziert man doppelt so viele Güter, so benötigt man doppelt so viele Rohstoffe, es entstehen doppelt so viele Kosten.[13] Der letzte Teil $\frac{1}{10}x^2$ zeigt einen überproportionalen Kostenanstieg. Die Kosten steigen stärker als die Menge. Also: Wenn sich die

---

[13] Im Kapitel über die Funktionen hatten wir bereits eine lineare Kostenfunktion hergeleitet, die fixe und proportional variable (= lineare Kosten) enthielt.

Menge verdoppelt, dann steigen die Kosten um mehr als das Doppelte. Dieser Teil ist in der Praxis auch typisch. Man denke an Lohnzuschläge für Nachtarbeit, Sonntagsarbeit, Feiertagsarbeit und ähnliches. Wenn man die Produktionsmenge verdoppelt, indem man eine zusätzliche Schicht einführt, werden die Lohnkosten um mehr als das Doppelte ansteigen, weil die Zuschläge zusätzlich anfallen. Andere Kostenteile können sich ebenfalls so verhalten. Zum Beispiel der Ausschußanteil. Arbeitet man sehr stark an der Kapazitätsgrenze, so ist es typisch, daß mehr Fehler unterlaufen, also mehr Ausschuß (überproportional mehr Ausschuß: die Fehlerquote steigt also) produziert wird.[14]

Wieviel soll man produzieren, um bei der gegebenen Gewinnfunktion

$$G = G(x) = 10x - \left(20 + 5x + \frac{1}{10}x^2\right) \text{ maximal viel zu verdienen?}$$

Man bildet die erste Ableitung von G und setzt dies Null:

$$\frac{dG}{dx} = G' = 10 - 5 - \frac{2}{10}x = 0$$

$$5 - \frac{1}{5}x = 0$$

$$-\frac{1}{5}x = -5$$

$$x = 25$$

Wenn man genau 25 Stück herstellt, dann erreicht die Gewinnfunktion einen Extremwert. Wir wollen aber auf keinen Fall eine Entscheidung treffen, die uns ausgerechnet den niedrigsten Gewinn beschert. Also müssen wir prüfen, ob ein Minimum oder ein Maximum vorliegt. Die mathematische Bedingung für ein Maximum war: Die zweite Ableitung muß negativ sein.

$$\frac{d^2G}{dx^2} = G'' = -\frac{1}{5} < 0 \quad [15]$$

Minus ein Fünftel ist in jedem Falle negativ, wir brauchen unsere Lösung somit nicht erst einzusetzen.

Ohne die Funktion zeichnen zu müssen, wissen wir: Die Gewinnfunktion hat ein Maximum an der Stelle x = 25. Wir müssen 25 Stück produzieren, dann ist der Gewinn maximal hoch. Wenn wir wissen wollen, wieviel Geld wir mit dieser Entscheidung verdienen, dann setzen wir unsere Lösung in die Gewinnfunktion ein:

$$G = G(x = 25) = 10 \cdot 25 - \left(20 + 5 \cdot 25 + \frac{1}{10} \cdot 25^2\right) = 42,5$$

Jede andere Entscheidung führt zu einem kleineren Gewinn.

Mathematisch hätte man für die Lösung diese Aufgabe natürlich die Gewinnfunktion zusammenfassen können, da x zweimal in der Potenz 1 auftritt (*Umsatz = 10x, Kosten = 5x*).

---

[14] Diese Funktion ist zunächst bewußt einfach gehalten, um die mathematische Anwendung der Differentialrechnung zu zeigen. In der Praxis sind die Funktionen natürlich komplexer. Aber auch hier gilt: Tritt die Variable nicht in der Potenz 1, sondern mit einem größeren Exponenten auf (z. B.: 2; 1,5; 3) dann handelt es sich immer um überproportionale Kosten.

[15] In Differentialschreibweise schreibt man die zweite Ableitung d²G/dx². Das bedeutet differenziere zweimal G nach x (zweimal nach x). Wenn man das noch nie gesehen hat, ist diese Schreibweise verwirrend. Auch wenn ich mich wiederhole: Gewöhnen Sie sich unbedingt daran!

$$G = G(x) = 10x - \left(20 + 5x + \frac{1}{10}x^2\right) = 5x - 20 - \frac{1}{10}x^2$$

Dies wird bei Berechnungen häufig durchgeführt, da somit alle Folgeschritte vereinfacht werden. Die wirtschaftliche Interpretationsfähigkeit geht dabei allerdings verloren.

Wenn wir die Ausgangsfunktion nutzen, können wir zusätzliche Angaben machen. Zum Beispiel wie hoch der Umsatz und die Kosten im Gewinnmaximum sind.

$$U = U(x = 25) = 10x = 10 \cdot 25 = 250$$

$$K = K(x = 25) = 20 + 5x + \frac{1}{10}x^2 = 20 + 5 \cdot 25 + \frac{1}{10} \cdot 25^2 = 207,5$$

Aufgabe 4

Berechnen Sie jeweils den x-Wert, für den das jeweilige Maximum erzielt wird. Prüfen Sie, ob tatsächlich ein Maximalwert erreicht wird und bestimmen Sie seine Größe.

1.) *Gewinn G = 30x – (80 + 10x + 0,2x²)*
2.) *Gewinn G = 80x – (1.000 + 40x + 0,25x²)*
3.) *Umsatz U = 500 – (x – 30)² –2x*
4.) *Nutzen N = 100 – (x – 30)⁴ + 32x*

7 Partielle Differentialrechnung

7.1 Grundlagen

„Part" steht für Teil oder Schritt. Die partielle Differentiation ist somit die schrittweise Ableitung einer Funktion. Sie wird angewendet, wenn eine Funktion mehr als eine Variable enthält und entsprechend nach allen Variablen abgeleitet werden soll.

Vorgehen:
Ableitung einer Funktion mit mehreren Variablen nach einer Variablen, wobei die anderen Variablen konstant gehalten werden.
Es gelten die selben Regeln, wie bei der Differentialrechnung nach nur einer Variablen (= einfache Differentiation).

Die Theorie für die einfache Ableitung können wir komplett übernehmen, inklusive aller Regeln (Summenregel, Produktregel usw.).
Wir können deshalb gleich zum Anwendungsteil weitergehen:

7.2 Wozu benötigt man die partielle Differentialrechnung?

Immer dann, wenn eine Funktion mindestens zwei Variablen aufweist. Stellen wir in einem Unternehmen nicht nur ein Produkt, sondern zwei oder mehr her, dann können wir das Gewinnoptimum wieder finden, indem wir schrittweise nach jeder Variablen ableiten, diese Ableitung Null setzen und nach der Variablen auflösen.

Beispiel:
Wir haben ein Unternehmen, das zwei Produkte (x und y) herstellt und verkauft. Die Gewinnfunktion lautet:
$$G = G(x, y) = 5x + 6y - 0,05x^2 - 0,04y^2 - 100$$
Wieviel Stück sollen wir von x und wieviel von y herstellen und verkaufen, damit der gemeinsame Gewinn maximal groß ist?

Lösung:
Es ist wieder die erste Ableitung zu bilden und Null zu setzen. Der Unterschied zur einfachen Differentialrechnung ist der, daß es nun zwei erste Ableitungen gibt, nämlich eine Ableitung nach x und eine nach y.
Die Ableitung nach x schreibt man so:
$$\frac{\partial G}{\partial x} = G_x^|$$
Statt des d nimmt man nun ∂. Das d steht für die einfache Differentiation. Mit dem ∂ zeigt man, daß diese Funktion mehrere Variablen enthält. Die alternative Schreibweise lautet $G_x^|$.

Nur G' reicht keinesfalls aus, denn hier fehlt die Aussage, nach welcher Variablen abzuleiten ist. Die Variable wird als Index an die abzuleitende Funktion angestellt.[16] Die übliche Schreibweise, die fast ausschließlich in der Literatur zu finden ist, ist wieder $\frac{\partial G}{\partial x}$.

Bilden wir die Ableitung nach x, so betrachten wir ausschließlich x als Variable. Alles, was nicht x ist, wird als Konstante angesehen und die Ableitung einer Konstanten ist Null.

Leitet man erstmals partiell ab, ist es empfehlenswert, sich die Variablen zu markieren, dann erreicht man relativ schnell die Routine, welche Teile in der Ableitung wegfallen.

$$G = G(x, \boxed{y}) = \underline{5x} + \boxed{6y} - \underline{0,05\,x^2} - \boxed{0,04\,y^2} - 100$$

$\frac{\partial G}{\partial x} = G'_x = 5 - 0,1x = 0$ Alles, was nicht unterstrichen ist, ist keine Variable und braucht für die Ableitung nicht beachtet werden.

$$-0,1x = -5 \,|\cdot(-10)$$
$$x = 50$$

$\frac{\partial G}{\partial y} = G'_y = 6 - 0,08y = 0$ Für die Ableitung nach y gilt dann, alles, was kein y enthält, ist konstant und fällt in der Ableitung weg, bzw. alles was hier nicht eingerahmt ist, fällt heraus.

$$-0,08y = -6 \,|\div(-0,08)$$
$$y = 75$$

Zur Überprüfung, ob hier ein Minimum oder ein Maximum vorliegt, benötigt man eine relativ aufwendige Berechnung. Da hierfür weitere Kenntnisse, vor allem auch in der Determinantenrechnung notwendig sind, wird hier zunächst auf den Nachweis verzichtet.
Zum Ende des Buches (im Anhang) wird dem interessierten Leser dieser Nachweis erklärt[17].

Die Lösung lautet hier also:
Von x sind 50 Stück und von y sind 75 Stück herzustellen und zu verkaufen, dann ist der Gewinn aus beiden maximal groß. Den Gewinn erhalten wir, wenn wir unsere Lösung wieder in die Ausgangsfunktion einsetzen:

$$G = G(x = 50, y = 75) = 5 \cdot 50 + 6 \cdot 75 - 0,05 \cdot 50^2 - 0,04 \cdot 75^2 - 100 = 250$$

Wer doch eine Art Nachweis benötigt, daß hier wirklich ein Maximum vorliegt, aber keinen großen mathematischen Aufwand führen möchte, kann durch Ausprobieren herausfinden, daß dieser Gewinn wirklich der höchstmögliche ist. Berechnen Sie dazu einfach die Gewinne, die sich ergeben, wenn man Werte in der Nähe der berechneten Lösungen annimmt. Also setzen

---

[16] Bitte entwickeln Sie keine eigenen Schreibweisen! Viele Studenten entwickeln selbst: erste Ableitung = $G'(x)$. Dies sagt aus: Bilde die erste Ableitung der Funktion G, die nur von x abhängt. Für die gegebene Aufgabenstellung ist dies falsch, denn G hängt von x und y ab. Kreativität führt hier meist nur zu Punktabzug in Klausuren.
[17] In keiner Universität verlangt man von Studenten im ersten Semester die Fähigkeit, für partielle Ableitungen nachzuweisen, ob ein Minimum oder ein Maximum vorliegt. Für diejenigen, die ihr Studium eher mathematisch auslegen wird dieser Nachweis frühestens mit Beginn des Hauptstudiums gelehrt. Deshalb soll auch hier an dieser Stelle darauf verzichtet werden.
In diesem Buch dürfen Sie sich natürlich darauf verlassen, daß die Prüfungen für die Beispiele und alle Aufgaben durchgeführt wurden.

Sie x auf *49* oder *51* und y auf *74* oder *76*. Jede beliebige Kombination die Sie wählen wird einen kleineren Gewinn als *250* ergeben!

Etwas aufwendiger wird die ganze Berechnung, wenn die Variablen durch Multiplikation miteinander verbunden sind. Damit kann in einer Funktion ausgedrückt werden, daß sich die Größen direkt wechselseitig beeinflussen. In der Praxis kann dies bedeuten, daß beide Produkte dieselbe Maschine nutzen, sich also gegenseitig verdrängen.

Beispiel:
$$G = G(x, y) = 20x + 25y - 0,1x^2 - 0,05y^2 - 0,05xy$$
Gesucht sind wieder die Mengen, die den höchstmöglichen Gewinn bescheren.

Die Lösung erfolgt analog: Erste Ableitung nach x und nach y jeweils Null setzen.

$$G = G(x, y) = \underline{20x} + \boxed{25y} - \underline{0,1x^2} - \boxed{0,05y^2} - 0,05xy$$

$\dfrac{\partial G}{\partial x} = 20 - 0,2x - 0,05y = 0$ Leiten wir die letzte Größe nach x ab, sind sowohl die *0,05*, als auch y eine Konstante. Durch die Ableitung fällt x heraus (Exponent *1* wird zum Faktor, neuer Exponent ist um *1* kleiner also *0*), die Konstanten bleiben übrig.[18]

$\dfrac{\partial G}{\partial y} = 25 - 0,1y - 0,05x = 0$ Analog zu eben: Jetzt ist y die Variable. *0,05* und x sind konstante Faktoren. Sie bleiben übrig, wenn man nach y ableitet.

Jetzt können wir zwar aus einer Ableitung nicht die Lösung errechnen, da wir zwei Unbekannte in nur einer Gleichung vorfinden. Wir haben aber ein Gleichungssystem mit zwei Gleichungen. Dies ist (wie im Kapitel über lineare Gleichungen erklärt) lösbar, wenn beide Gleichungen linear unabhängig sind. Da sich die Gleichungen durch Multiplikation mit einem festen Faktor nicht ineinander überführen lassen, ist dies System lösbar. Wie man es löst ist wieder jedem selbst überlassen, z. B.: Einsetzungs-, Gleichsetzungs-, Additionsverfahren.

Wählen wir das Einsetzungsverfahren:
$$\frac{\partial G}{\partial x} = 20 - 0,2x - 0,05y = 0 \mid -20, +0,2x$$
$$-0,05y = -20 + 0,2x \mid \div (-0,05)$$
$$y = 400 - 4x \quad [19]$$

Die Lösung für y können wir dann in die zweite Gleichung einsetzen.

---

[18] Dies fällt vielen schwer: Wenn Sie dazu gehören, setzen Sie einfach Zahlen ein. Nehmen Sie an y wäre vorgegeben mit *6*, dann lautet die letzte Größe: *0,05* $\cdot$ *x* $\cdot$ *6*. Wenn Sie nach x ableiten, bleibt *0,05* $\cdot$ *6* übrig.
[19] Wenn ich dies in einer meiner Vorlesungen so vorrechne, dann taucht die Frage auf: Wieso wird hier die Gleichung nach y umgeformt und nicht nach x? Die Ableitung wurde doch nach x durchgeführt, also muß man nach x auflösen! Falls Sie auch solche merkwürdigen Regeln kennen, schlagen Sie sich die unbedingt aus dem Kopf! So etwas gibt es nicht. Es ist völlig belanglos, welches Lösungsverfahren Sie wählen und es ist genauso belanglos, nach welcher Variablen man zuerst auflöst. Man verändert damit die Reihenfolge, in der man Lösungswerte erhält. Hier erhält man zunächst die Lösung für x und dann für y. Dann stehen die Lösungen hübsch sortiert, erst x, dann y untereinander, was mathematisch völlig bedeutungslos ist.

$$\frac{\partial G}{\partial y} = 25 - 0,1y - 0,05x = 0$$
$$25 - 0,1(400 - 4x) - 0,05x = 0$$
$$25 - 40 + 0,4x - 0,05x = 0$$
$$-15 + 0,35x = 0$$
$$0,35x = 15$$
$$x = 42,857... = \frac{300}{7}$$

Dies setzen wir in eine beliebige Gleichung ein. Es bietet sich an:

$$y = 400 - 4x = 400 - 4 \cdot \frac{300}{7} = 228,571... = \frac{1.600}{7}$$

Wenn wir wissen möchten, wieviel im Optimum verdient wird, setzen wir die Lösungswerte wieder ein:

$$G = G(x,y) = 20 \cdot \frac{300}{7} + 25 \cdot \frac{1.600}{7} - 0,1 \cdot \left(\frac{300}{7}\right)^2 - 0,05 \cdot \left(\frac{1.600}{7}\right)^2 - 0,05 \cdot \frac{300}{7} \cdot \frac{1.600}{7}$$
$$G = 3.285,71 \ ^{20}$$

Aufgabe

1.) Ludwig Lustig (LL) entspannt sich durch das Ansehen von Zeichentrickfilmen (z) und das Spielen von Computerspielen (c). Die Nutzenfunktion N bestimmt sich:

$$N(c,z) = 60c + 10z - \frac{1}{180}c^3 - \frac{1}{50}z^2 \qquad \text{mit } c \text{ und } z \text{ jeweils angegeben in Minuten}$$

Wieviele Minuten sollte LL für Zeichentrickfilme und Computerspiele aufwenden, um sein Nutzenmaximum zu erreichen?

2.) Bestimmen Sie für folgende Funktion die Werte für x und y für die die Funktion ihr Maximum erreicht.

$$G(x,y) = 50x + 60y - \frac{1}{20}x^2 - \frac{1}{15}y^2 - \frac{1}{50}xy - 500$$

Wie groß ist der Gewinn im Optimum?

3.) Bestimmen Sie für folgende Funktion die Werte für x und y für die die Funktion ihr Maximum erreicht.

$$G(x_1,x_2,x_3) = 30x_1 + 40x_2 + 60x_3 - \frac{1}{40}x_1^2 - \frac{1}{30}x_2^2 - \frac{1}{20}x_3^2 - \frac{1}{50}x_1x_2 - \frac{1}{80}x_2x_3$$

Wie groß ist der Gewinn im Optimum?

---

[20] Falls Sie die Lösungen nachrechnen. Die Berechnungen erfolgen hier immer mit den genauen Werten. Wenn Sie zwischenzeitlich gerundet haben, erhalten Sie Differenzen.

8 Partielle Differentiation mit linearen Nebenbedingungen

Wir wissen, wie man Funktionen mit mehreren Variablen ableitet. Das Modell können wir jetzt um lineare Nebenbedingungen erweitern.

Bisher sah es so aus, daß wir immer einen lokalen Extremwert (Minimum oder Maximum) vorliegen hatten, den wir auch tatsächlich erreichen, also realisieren konnten. Dies muß aber nicht so sein. Wie sieht es aus, wenn ein oder mehrere Engpässe dazu kommen, die beachtet werden müssen?

8.1 Lagrangefunktion

Die Standardlösung für solche Probleme ist die sogenannte Lagrangefunktion, benannt nach dem Entwickler LAGRANGE.

Zunächst soll die theoretische Grundlage dargestellt werden, die oft etwas schwer verständlich ist, wenn man sich erstmals damit befaßt. Man braucht für die zukünftige Anwendung aber eine Art Regelwerk, an dem man sich orientieren kann:

Erster Schritt:
Es ist ein mathematisches Modell aufzustellen in der Form:

Zf.: $G = G(x_1, x_2, \ldots, x_n) \Rightarrow Max.!$

u.d.N.: $\left. \begin{array}{l} a_1 x_1 + a_2 x_2 + a_3 x_3 + \ldots + a_n x_n = \overline{a} \\ b_1 x_1 + b_2 x_2 + b_3 x_3 + \ldots + b_n x_n = \overline{b} \\ \quad\vdots \qquad \vdots \qquad \vdots \qquad\quad \vdots \qquad \vdots \end{array} \right\}$ m Bedingungen

Zf. steht dabei für Zielfunktion. Wir haben eine Zielfunktion, die zu optimieren ist, also das Minimum, bzw. das Maximum ist zu bestimmen (in der Darstellung wurde ein Maximierungsproblem für eine Gewinnfunktion gewählt).
Dabei können beliebig viele Variablen (x) auftreten. Die Anzahl der Variablen beträgt hier n.

u.d.N. steht für: „unter der Nebenbedingung" bzw. „unter den Nebenbedingungen". Diese Bedingungen beschreiben die Engpaßsituationen. Die Faktoren a_i geben dabei an, wie stark die x_i den ersten Engpaß beanspruchen.[21] Entsprechend zeigen die Faktoren b_i, wie stark die x_i den zweiten Engpaß beanspruchen usw. $\overline{a}$ (gesprochen „a quer") gibt an, wie groß der Engpaß 1 ist,[22] $\overline{b}$ ist die Größe von Engpaß 2 usw. Es kann beliebig viele Bedingungen dieser Art geben. Hier ist die Anzahl aller Bedingungen mit m angegeben.

---

[21] Also, a_1 zeigt an, wie stark x_1 den ersten Engpaß beansprucht, a_2, inwieweit x_2 den ersten Engpaß beansprucht usw.
[22] Den Querbalken über einer Größe verwendet man häufig um auf eine fest vorgegebene Größe hinzuweisen.

Zweiter Schritt:

Die Bedingungen werden in die Nullform überführt und mit λ_j (gesprochen „Lambda j") multipliziert. Lambda ist der griechische Buchstabe l. Dieser wurde gewählt nach dem Namen LAGRANGE, die Bezeichnung ist für die Berechnung irrelevant (in einigen Büchern wird auch l_j verwendet).

Die Nullform ist lediglich eine Gleichung, die auf einer Seite die Größe Null aufweist, dazu bringen wir die $\bar{a}$, $\bar{b}$ usw. auf die linke Seite und multiplizieren diesen Teil der Gleichung mit λ_j. Das j bezeichnet die Gleichung, also $j = 1$ für die erste Gleichung, $j = 2$ für die zweite Gleichung usw.

Nebenbedingung in Nullform:

$$\lambda_1(a_1x_1 + a_2x_2 + a_3x_3 + \ldots + a_nx_n - \bar{a}) = 0$$
$$\lambda_2(b_1x_1 + b_2x_2 + b_3x_3 + \ldots + b_nx_n - \bar{b}) = 0$$
$$\vdots \qquad \vdots \qquad \vdots \qquad \qquad \vdots \qquad \vdots \qquad \vdots$$

Dritter Schritt:

Bilden der Lagrangefunktion L. Dazu addiert man die in Schritt 2 erzeugten Nebenbedingungen zur Zielfunktion dazu.

$$L = L((x_1, x_2, \ldots, x_n; \lambda_1, \lambda_2, \ldots, \lambda_m) =$$
$$G(x_1, x_2, \ldots, x_n) + \lambda_1(a_1x_1 + a_2x_2 + a_3x_3 + \ldots + a_nx_n - \bar{a})$$
$$+ \lambda_2(b_1x_1 + b_2x_2 + b_3x_3 + \ldots + b_nx_n - \bar{b}) + \ldots$$

L ist eine Funktion, die von $n + m$ Variablen abhängt, nämlich von n Variablen x und von m Variablen λ.

Vierter Schritt:

Die Langrangefunktion wird nach allen Variablen x und nach allen Variablen λ partiell differenziert. Die Ergebnisse werden Null gesetzt (wie immer: *erste Ableitung = 0*).

$$\frac{\partial L}{\partial x_i} = 0 \text{ für } i = 1, 2, \ldots, n$$

$$\frac{\partial L}{\partial \lambda_j} = 0 \text{ für } j = 1, 2, \ldots, m$$

Wenn man dieses Gleichungssystem auflöst, hat man das optimale Ergebnis!

Sehen wir uns das mittels eines Beispiels an.

Die minimalen Anforderungen, die man benötigt um das Lagrangeverfahren anzuwenden, sind zwei Variablen und eine Nebenbedingung.

Beispiel:[23]

Der Konsument Kuno Kaufrausch (KK) möchte seinen privaten Nutzen, den er aus zwei Gütern zieht, maximieren. Die beiden Güter werden mit x_1 und x_2 bezeichnet. Der Nutzen des KK ist: $N = N(x_1, x_2) = x_1 \cdot x_2$.

---

[23] Dieses Beispiel ist bewußt einfach gehalten, um die Anwendung des Langrangeverfahrens zu zeigen.

KK hat insgesamt 1.000 € zur Verfügung. Ein Stück von x_1 kostet ihn 5 € und ein Stück von x_2 kostet ihn 10 €.

Wieviele Güter soll KK von x_1 und x_2 kaufen, damit sein Gesamtnutzen optimiert wird und er gleichzeitig genau seine 1.000 € ausgibt?

Lösung:

Man kann hier schon erkennen, daß wir mit unserem bisherigen Verfahren nicht zum Ziel kommen können. Betrachtet man die Funktion $N = N(x_1, x_2) = x_1 \cdot x_2$, dann sieht man, daß KK nie zufrieden zu stellen ist. Am liebsten hätte er unendlich viele Güter von x_1 und unendlich viele Güter von x_2, dann ergäbe sich auch ein unendlicher Nutzen. Es existiert also kein lokales Optimum wie bisher, sondern N wird immer größer, je größer man die Werte für die x-Werte wählt. Unendlicher Nutzen ist aber nicht erreichbar, weil KK dafür nicht genug Geld hat, er kann nur eine begrenzte Anzahl von Gütern kaufen (= Engpaß).

Wenden wir das Lagrangeverfahren an:

Erster Schritt:

Mathematisches Modell aufstellen. Die Zielfunktion beschreibt, welche Funktion zu optimieren ist, diese ist uns mit N bereits vorgegeben.

Zf.: $N = N(x_1, x_2) = x_1 \cdot x_2 \Rightarrow Max.!$

An Nebenbedingungen existiert hier nur eine, die wir beschreiben können mit „gib genau 1.000 € für x_1 und x_2 aus!". Das müssen wir mathematisch formulieren: „Ausgaben für x_1 plus Ausgaben für x_2 sind *1.000 €*". Ein x_1 kostet *5* €, damit sind die Ausgaben hierfür $5 \cdot x_1$. Ein x_2 kostet *10* €, damit sind die Ausgaben: $10 \cdot x_2$.

Somit:

$$\underbrace{5x_1}_{Ausgaben \ x_1} + \underbrace{10x_2}_{Ausgaben \ x_2} = \underbrace{1.000}_{vorhandenes \ Geld}$$

Insgesamt:

Zf.: $x_1 \cdot x_2 \Rightarrow Max.!$

u.d.N.: $5x_1 + 10x_2 = 1.000$

Zweiter Schritt:

Bilden der Nullform für die Nebenbedingung, Multiplikation mit λ.

Wir bringen die 1.000 auf die linke Seite: $5x_1 + 10x_2 - 1.000 = 0$, dann multiplizieren wir mit λ. Das Durchnumerieren von λ können wir uns hier sparen, da es nur eine Nebenbedingung gibt.

$\lambda(5x_1 + 10x_2 - 1.000) = 0$

Dritter Schritt:

Bilden der Lagrangefunktion L. Addition der erzeugten Nebenbedingung zur Zielfunktion.

$$L = \underbrace{x_1 \cdot x_2}_{Zielfunktion} + \underbrace{\lambda(5x_1 + 10x_2 - 1.000)}_{Nebenbedinngung \ in \ Nullform} \Rightarrow Max.!$$

Vierter Schritt:

Partielle Ableitung von L nach x_1 und x_2 und nach λ. Nullsetzen der ersten Ableitungen.

$$L = x_1 \cdot x_2 + \lambda \cdot (5x_1 + 10x_2 - 1.000) = x_1 \cdot x_2 + 5\lambda x_1 + 10\lambda x_2 - 1.000\lambda$$

$$\frac{\partial L}{\partial x_1} = x_2 + 5\lambda = 0$$

$$\frac{\partial L}{\partial x_2} = x_1 + 10\lambda = 0$$

$$\frac{\partial L}{\partial \lambda} = 5x_1 + 10x_2 - 1.000 = 0$$

Die partielle Ableitung wird wie immer durchgeführt. Nur die Variable, nach der man ableitet, wird als Variable betrachtet, alle anderen sind Konstanten. Die Ableitung nach λ ergibt dabei immer die Nebenbedingung in Nullform.

Hier haben wir ein Gleichungssystem mit drei Gleichungen und drei Unbekannten. Dieses System kann nach einem beliebigen Verfahren gelöst werden.

$$x_2 + 5\lambda = 0 \Rightarrow x_2 = -5\lambda$$
$$x_1 + 10\lambda = 0 \Rightarrow x_1 = -10\lambda$$

Setzen wir das in die dritte Gleichung ein:

$$5(-10\lambda) + 10(-5\lambda) - 1.000 = 0$$
$$-50\lambda - 50\lambda - 1.000 = 0$$
$$-100\lambda - 1.000 = 0$$
$$-100\lambda = 1.000$$
$$\lambda = -10$$

Mit der Lösung für λ können wir die x-Werte bestimmen (Einsetzen in die beiden ersten Gleichungen).

$$x_2 = -5\lambda = -5(-10) = 50$$
$$x_1 = -10\lambda = -10(-10) = 100$$

Die optimale Entscheidung für KK lautet: Kaufe 100 Stück von x_1 und 50 Stück von x_2.
Es ergibt sich ein Nutzenmaximum von (Einsetzen in die Zielfunktion):
$$N = N(x_1, x_2) = x_1 \cdot x_2 = 50 \cdot 100 = 5.000$$
Jede andere Kaufentscheidung, die sich KK leisten kann (bei der er genau 1.000 € ausgibt), führt zu einem kleineren Ergebnis.[24]

Versuchen wir noch der Bedeutung von λ auf die Spur zu kommen.
Wenn man das Verfahren so anwendet, wie beschrieben, dann sagt das folgendes aus:

$$\lambda = - 10$$

Es gibt noch höhere Werte   Die Steigung von N beträgt im berechneten Lösungswert 10.
für N.

---

[24] Man kann dies durch Probieren prüfen. x_2 kostet doppelt so viel, wie x_1. Verzichtet KK auf ein x_2, kann er sich $2 x_1$ zusätzlich leisten. Also könnte er sich auch $x_1 = 98$ und $x_2 = 51$ leisten oder $x_1 = 102$ und $x_2 = 49$. Diese und auch alle anderen Kombinationen führen für N zu einem kleineren Ergebnis als 5.000.

Machen wir uns dies am Zahlenbeispiel klar:

Nehmen wir an, KK erhält 1 € zusätzlich. Er kann also jetzt 1.001 € ausgeben. Alle anderen Vorgaben bleiben bestehen. Berechnet man das Lösungsoptimum neu, dann ergibt sich:

$$\frac{\partial L}{\partial x_1} = x_2 + 5\lambda = 0 \Rightarrow x_2 = -5\lambda$$

$$\frac{\partial L}{\partial x_2} = x_1 + 10\lambda = 0 \Rightarrow x_1 = -10\lambda$$

$$\frac{\partial L}{\partial \lambda} = 5x_1 + 10x_2 - 1.001 = 0$$

$\lambda = -10{,}01$ (Berechnung, wie eben)

Mit der Lösung für λ können wir wieder die x-Werte bestimmen:

$x_2 = -5\lambda = -5(-10{,}01) = 50{,}05$

$x_1 = -10\lambda = -10(-10{,}01) = 100{,}1$

Und damit wieder N:

$N = N(x_1, x_2) = x_1 \cdot x_2 = 50{,}05 \cdot 100{,}1 = 5.010{,}005$

Wir hatten bereits zu Anfang gesagt, daß der Nutzen bis ins Unendliche wächst. Je mehr Güter man dem KK gibt, desto höher ist sein Nutzen. Das wird durch das Minuszeichen von λ ausgedrückt!

Die Lösung, die wir zuerst ausgerechnet hatten sagte $\lambda = -10$. Das ist die Steigung, ausgehend von unserem ersten Lösungswert. Die Steigung durch eine Ableitung ist die Steigung in genau einem Punkt (Tangentensteigung), wenn man die Nebenbedingung aber nur wenig verändert, erhält man eine Näherungslösung für die Änderung des Optimalwertes.

Geben wir dem KK einen Euro mehr, so beträgt der neue Nutzen ungefähr 1 mal λ (absolut) zusätzlich.

Aus unserer zweiten Rechnung können wir sehen, daß der alte Lösungswert um ungefähr 10 erhöht wird, wenn man dem KK einen Euro mehr zum Ausgeben überläßt oder anders gesagt: 1 Euro entspricht 10 Nutzeneinheiten.

Unsere Lösung von λ ist deshalb nur eine Näherungslösung, weil wir es mit einer nichtlinearen Funktion zu tun haben.[25]

8.2 Der Hintergrund der Lagrangefunktion

Wir wollen kurz darstellen, wie das Verfahren von Lagrange funktioniert.

Unser Beispiel ließ sich mit der partiellen Differentiation allein nicht lösen, weil der Funktionswert von N ins Unendliche lief, wenn die x-Werte entsprechend groß werden.

Durch die Nebenbedingung (es stehen nur 1.000 € zur Verfügung), wird hieraus eine endliche Lösung (für 1.000 € kann man nicht unendlich viele Güter kaufen).

Diese Nebenbedingung wird in die Zielfunktion eingefügt, damit gibt es auch für die Zielfunktion eine endliche Lösung.

Jetzt darf man natürlich nicht wahllos Größen in eine Zielfunktion einfügen, denn dadurch verändert man die Zielfunktion selbst und natürlich auch die Lage eines Optimums.

---

[25] Vergl. Kapitel Differentialrechnung, Bilden der Ableitung

Im Verfahren von Lagrange wird dies verhindert, nämlich durch das Einfügen der Nebenbedingung in Nullform. Man addiert also Null zur Zielfunktion, dadurch verändert sich nicht die Lösung und auch nicht die Lage des Optimums.[26]

So wie das Verfahren dargestellt wurde, wird es üblicherweise in den Wirtschaftswissenschaften angewendet. Mathematisch richtig wäre natürlich genauso, das man nicht Null addiert, sondern Null subtrahiert. Also

L = Zielfunktion − λ · (Nebenbedingung in Nullform)

Wenn man das Verfahren so anwendet, erhält man identische Ergebnisse mit einem Unterschied: λ wird positiv! Damit dreht sich dann auch die Bedeutung des Vorzeichens um! Dann bedeutet „+" vor λ: Es sind noch größere Werte für die Zielfunktion möglich.

Gerade, wenn man Lagrange noch nicht angewendet hat, sollte man ein festes Schema beibehalten. Rechnen Sie nach Möglichkeit immer so, wie in dieser Schrittfolge dargestellt, das ist die Weise, die am häufigsten angewendet wird.

8.3 Wozu benötigt man die Lagrangefunktion?

Immer wenn mindestens eine lineare Nebenbedingung zu einem Optimierungsproblem mit mindestens zwei Variablen dazu kommt (es dürfen mehr Variablen und mehr Nebenbedingungen sein).

Das Einführungsbeispiel geht selbstverständlich an der Praxis vorbei. Es kommt wohl niemand auf die Idee, alle Güter, die ihm bedeutungsvoll erscheinen mit Nutzenpunkten zu bewerten um dann ein mathematisches Optimum zu errechnen. Vor jedem Supermarkteinkauf wären da umfangreiche Gleichungen zu berechnen, nicht zuletzt, weil man ja auch seine Einstellung zu den Gütern verändert, die Verhältnisse der Nutzenpunkte also nicht gleich bleiben können.[27].

In der volkswirtschaftlichen Theorie kann man aber hier (ohne konkrete Nutzenpunkte zu berechnen) zeigen, welches grundsätzliche Verhalten für einen Konsumenten oder Unternehmer vernünftig wäre (Fach: Mikroökonomie).

Für ein Unternehmen läßt sich das Verfahren durchaus praktisch anwenden. Hier kann es sinnvoll sein, den organisatorischen Aufwand zur Ermittlung einer Gewinnfunktion auf sich zu nehmen, um bei Engpässen wirtschaftlich vernünftige Entscheidungen zu treffen oder zumindest vorzubereiten.

---

[26] Sie können das an unserem Beispiel auch nochmals prüfen, indem Sie die Lösung für die x-Werte in L statt in N einsetzen. Es muß gleichfalls 5.000 herauskommen!

[27] Man stelle sich vor: Jeden Tag Leibgericht und das wochenlang.

Aufgabe

1.) Der Nutzen für zwei zu kaufende Güter x_1 und x_2 ist zu maximieren.

$N = x_1 \cdot x_2 + x_1$

Der Konsument hat 500 € zur Verfügung.

x_1 kostet 25 € pro Stück, x_2 kostet 5 € pro Stück.

Bestimmen Sie das Nutzenmaximum!

2.) Zf.: $Gewinn = G = 10x_1 + 5x_2 - \dfrac{1}{50}x_1^2 - \dfrac{1}{200}x_2^2 => Max.!$

u.d.N.: $15x_1 + 15x_2 = 3.000$

3.) Zf.: $G = 30x_1 + 20x_2 - \dfrac{1}{20}x_1^2 - \dfrac{1}{40}x_2^2 => Max.!$

u.d.N.: $10x_1 + 20x_2 = 2.000$

4.) Der Konsument Fritz Fröhlich (FF) möchte seinen Nutzen durch die zwei Güter x_1 und x_2 maximieren.

Es gilt folgendes Modell:

Zf.: $N = N(x_1, x_2) = \dfrac{1}{10}x_1^2 + \dfrac{1}{5}x_2^2 + 2x_1 + 3x_2 + \dfrac{1}{10}x_1x_2 => Max.!$

u.d.N.: $4x_1 + 12x_2 = 1.384$

9 Rechnen mit Matrizen

Eine Matrix ist eine Zahlentabelle. Da in den Wirtschaftswissenschaften in einigen Disziplinen Unmengen an Zahlen verarbeitet werden (man denke an die Gehaltsabrechnung in der Buchhaltung, wo für jeden einzelnen Mitarbeiter genau belegt werden muß: Bruttogehalt, die einzelnen Sozialversicherungsbeiträge, die Steueranteile usw.), kommt man an Zahlentabellen nicht vorbei. Mathematische Überlegungen, ganze Tabellen zu verarbeiten fallen unter die Matrizenrechnung.

9.1 Grundlagen

Beispiel:
Gegeben ist eine Matrix M:

$$M = \begin{pmatrix} 2 & 3 & 4 \\ 8 & 2 & 5 \\ 4 & 1 & 3 \end{pmatrix}$$

Die Matrizen unterscheidet man nach ihrer Größe. M ist eine Matrix mit 3 Zeilen und 3 Spalten. Mathematisch in Kurzform eine 3×3 Matrix (gesprochen: „3 kreuz 3). Dabei hat man die Vereinbarung getroffen, daß an der ersten Stelle immer die Zeilen und an zweiter Stelle immer die Spalten genannt werden.
Interessiert man sich für eine bestimmte Größe aus dieser Matrix, dann beschreibt man dieses Element, indem man die Position in der Matrix angibt. Auch hier gilt die Vereinbarung: Erst Zeilenposition, dann Spaltenposition.
Nennen wir die einzelnen Elemente der Matrix m_{ij}. Dann gibt uns der Index i die Zeile und der Index j die Spalte an.
Dann bedeutet: $m_{23} = 5$, während $m_{32} = 1$ gilt.

$$M = \begin{pmatrix} 2 & 3 & 4 \\ 8 & 2 & 5 \\ 4 & 1 & 3 \end{pmatrix} \begin{matrix} \textit{1. Zeile} \\ \textit{2. Zeile} \\ \textit{3. Zeile} \end{matrix}$$
$$\begin{matrix} \textit{1. 2. 3.} \\ \textit{Spalte} \end{matrix}$$

Ein Vektor ist nichts anderes als eine besondere Form der Matrix, nämlich eine Matrix mit einer Zeile und mehreren (mindestens 2) Spalten oder eine Matrix mit einer Spalte und mehreren (mindestens 2) Zeilen.
In Kurzform: Eine $1 \times n$ oder eine $n \times 1$ Matrix, mit $n \geq 2$.

Beispiel:

$$v_1 = \begin{pmatrix} 2 & 3 & 4 \end{pmatrix}, \quad v_2 = \begin{pmatrix} 2 \\ 8 \\ 4 \end{pmatrix}^{28}$$

Mit Skalar bezeichnet man eine feste Größe (eine Zahl) in der Matrizenrechnung. Ein Skalar ist sozusagen eine 1×1 Matrix.

Besondere Matrizen

Einige Begrifflichkeiten sollte man ebenfalls gehört haben:

- Quadratische Matrix
  Hiervon spricht man, wenn eine Matrix genau so viele Zeilen, wie Spalten hat. Also 2×2, 3×3 usw. Unsere Ausgangsmatrix M ist quadratisch.

- Nullmatrix
  Eine Nullmatrix besteht ausschließlich aus Elementen mit dem Wert Null:
  Beispiel: $\begin{pmatrix} 0 & 0 \\ 0 & 0 \end{pmatrix}, \begin{pmatrix} 0 & 0 & 0 \\ 0 & 0 & 0 \end{pmatrix}$
  Die Größe der Matrix ist unerheblich.

- Einheitsmatrix
  Eine Einheitsmatrix ist ein Sonderfall zur quadratischen Matrix. Die Elemente der sogenannten Hauptdiagonalen (das ist die Diagonale von links oben nach rechts unten) haben
  den Wert 1. Alle anderen Elemente haben den Wert 0.
  Beispiel: $\begin{pmatrix} 1 & 0 \\ 0 & 1 \end{pmatrix}, \begin{pmatrix} 1 & 0 & 0 \\ 0 & 1 & 0 \\ 0 & 0 & 1 \end{pmatrix}$

Transponieren einer Matrix

Darunter versteht man das Vertauschen von Zeilen und Spalten. In Kurzform schreibt man
den Index „T" an die Matrix (manchmal sieht man auch nur den Index „'").

Beispiel:

$$M^T = \begin{pmatrix} 2 & 3 & 4 \\ 8 & 2 & 5 \\ 4 & 1 & 3 \end{pmatrix}^T = \begin{pmatrix} 2 & 8 & 4 \\ 3 & 2 & 1 \\ 4 & 5 & 3 \end{pmatrix}$$

---

[28] Zuweilen taucht die Frage auf, „wieso nicht $\vec{v}$?", das habe man mal so gelernt. Der Pfeil über einem Vektor wird insbesondere von Physikern eingesetzt, um zu zeigen, daß es sich um eine Bewegung im Raum handeln soll. Also könnte unser Verktor v die x, y und z Bewegungen in einem dreidimensionalen Raum darstellen. In der Wirtschaft haben wir damit nichts zu tun.

Erste Zeile wird erste Spalte, zweite Zeile wird zweite Spalte usw.

9.2 Addition / Subtraktion von Matrizen

Bedingung: Die Matrizen müssen gleich groß sein, daß heißt, sie müssen sowohl die selbe Zeilen- als auch die dieselbe Spaltenanzahl aufweisen.
Berechnung: Die Elemente, die sich an der selben Position befinden sind zu addieren bzw. subtrahieren.

Beispiel:

$$\begin{pmatrix} 2 & 3 & 4 \\ 8 & 2 & 5 \\ 4 & 1 & 3 \end{pmatrix} + \begin{pmatrix} 1 & 5 & 6 \\ 4 & 0 & 2 \\ 8 & 7 & 9 \end{pmatrix} = \begin{pmatrix} 3 & 8 & 10 \\ 12 & 2 & 7 \\ 12 & 8 & 12 \end{pmatrix}$$

Beispiel:

$$\begin{pmatrix} 2 & 3 & 4 \\ 8 & 2 & 5 \end{pmatrix} - \begin{pmatrix} 1 & 5 & 6 \\ 4 & 0 & 2 \end{pmatrix} = \begin{pmatrix} 1 & -2 & -2 \\ 4 & 2 & 3 \end{pmatrix}$$

Man kann sich das auch so vorstellen: Die beiden Matrizen werden übereinander gelegt. Die Zahlen, die dann aufeinander liegen, werden addiert bzw. subtrahiert.

9.3 Multiplikation von Matrizen

Bedingung: Die Anzahl der Spalten der ersten Matrix muß übereinstimmen mit der Anzahl der Zeilen der zweiten Matrix.
Die Lösungsmatrix hat dann so viele Zeilen, wie die erste Matrix und so viele Spalten, wie die zweite Matrix.

Beispiele:
Größe der Lösungsmatrix

$$3 \times 4 \cdot 4 \times 2 = 3 \times 2$$

$$=$$

$$5 \times 6 \cdot 6 \times 2 = 5 \times 2$$

$$4 \times 3 \cdot 3 \times 1 = 4 \times 1$$

$$5 \times 5 \cdot 3 \times 5 = \text{nicht lösbar!}$$

Bei der „normalen" Multiplikation ist die Reihenfolge der Multiplikation unerheblich (also $a \cdot b = b \cdot a$). Bei der Matrizenmultiplikation gilt dies **nicht**!

Berechnung: Diese soll wegen des Umfangs an einem Zahlenbeispiel dargestellt werden.
Beispiel:

$$\begin{pmatrix} 3 & 2 & 0 \\ -1 & 4 & 2 \\ -2 & 3 & 1 \end{pmatrix} \begin{pmatrix} 3 & 2 \\ 0 & 7 \\ -1 & -4 \end{pmatrix} = ?$$

Die Größe der Lösungsmatrix kann schon bestimmt werden: $3 \times 3 \cdot 3 \times 2 = 3 \times 2$

Für die Berechnung läuft man die Elemente der **ersten Matrix** der **ersten Zeile** ab und gleichzeitig die Elemente der **zweiten Matrix** der **ersten Spalte**.

Die Zahlen, die zueinander gehören werden multipliziert. Die Einzelergebnisse sind zu addieren.

$$\begin{pmatrix} \boxed{3 \quad 2 \quad 0} & \boxed{3} & 2 \\ -1 & 4 & 2 & \boxed{0} & 7 \\ -2 & 3 & 1 & \boxed{-1} & -4 \end{pmatrix} =$$

$3 \cdot 3 + 2 \cdot 0 + 0 \cdot (-1) = 9$

Die Position der 9 in der Lösungsmatrix ergibt sich aus der behandelten Zeile und der behandelten Spalte: Erste Zeile, erste Spalte.

Danach führt man die Rechenoperation weiter: Man nimmt die Elemente der **ersten Matrix** der **zweiten Zeile** und kombiniert sie wieder mit den Elementen der **zweiten Matrix** der **ersten Spalte**:

$$\begin{pmatrix} 3 & 2 & 0 & \boxed{3} & 2 \\ \boxed{-1 \quad 4 \quad 2} & \boxed{0} & 7 \\ -2 & 3 & 1 & \boxed{-1} & -4 \end{pmatrix} = \begin{pmatrix} 9 \\ \\ \end{pmatrix}$$

$-1 \cdot 3 + 4 \cdot 0 + 2 \cdot (-1) = -5$

Position der Lösung: Zweite Zeile, erste Spalte.

Jetzt kombiniert man die Elemente der **ersten Matrix** der **dritten Zeile** mit den Elementen der **zweiten Matrix** der **ersten Spalte**:

$$\begin{pmatrix} 3 & 2 & 0 & \boxed{3} & 2 \\ -1 & 4 & 2 & \boxed{0} & 7 \\ \boxed{-2 \quad 3 \quad 1} & \boxed{-1} & -4 \end{pmatrix} = \begin{pmatrix} 9 \\ -5 \\ \end{pmatrix}$$

$-2 \cdot 3 + 3 \cdot 0 + 1 \cdot (-1) = -7$

Position der Lösung: Dritte Zeile, erste Spalte.

Nun führt man die komplette Rechnung nochmals mit der zweiten Spalte der zweiten Matrix durch. Man beginnt also wieder mit der **ersten Matrix** der **ersten Zeile** und kombiniert die Elemente mit denen der **zweiten Matrix** der **zweiten Spalte**:

$$\begin{pmatrix} \boxed{3 \quad 2 \quad 0} & 3 & \boxed{2} \\ -1 & 4 & 2 & 0 & \boxed{7} \\ -2 & 3 & 1 & -1 & \boxed{-4} \end{pmatrix} = \begin{pmatrix} 9 \\ -5 \\ -7 \end{pmatrix}$$

$3 \cdot 2 + 2 \cdot 7 + 0 \cdot (-4) = 20$

Position der Lösung: Erste Zeile, zweite Spalte.

Danach analog wie beschrieben: Zweite Zeile, zweite Spalte:
$-1 \cdot 2 + 4 \cdot 7 + 2 \cdot (-4) = 18$

Dritte Zeile, zweite Spalte:
$-2 \cdot 2 + 3 \cdot 7 + 1 \cdot (-4) = 13$

Die komplette Lösung:

$$\begin{pmatrix} 3 & 2 & 0 \\ -1 & 4 & 2 \\ -2 & 3 & 1 \end{pmatrix} \begin{pmatrix} 3 & 2 \\ 0 & 7 \\ -1 & -4 \end{pmatrix} = \begin{pmatrix} 9 & 20 \\ -5 & 18 \\ -7 & 13 \end{pmatrix}$$

Diese Art der Multiplikation wird auch als das **Bilden des Skalarprodukts** bezeichnet.

Hat man zunächst noch Schwierigkeiten mit der Kombination von Zeilen einerseits und Spalten andererseits, so kann man auch folgende Arbeitstabelle zu Hilfe nehmen. Man schreibt die Matrizen versetzt. Denkt man sich Linien durch die einzelnen Zeilen und Spalten, dann zeigt der Treffpunkt dieser Linien, wo die Lösung in der Lösungsmatrix erscheinen muß.

Besonderheit:
Man hat vereinbart, daß ein fester Faktor einer Matrix vorangestellt werden darf, dies soll dann bedeuten, daß sich der Faktor auf jedes Element bezieht. Dadurch läßt sich Schreibweise vereinfachen, insbesondere bei Matrizen mit großen Zahlen. Hier kann man die Nullen aus der Matrix herausziehen.
Beispiel:

$$1.000 \cdot \begin{pmatrix} 75 & 12 & 32 \\ 80 & 15 & 40 \end{pmatrix} = \begin{pmatrix} 75.000 & 12.000 & 32.000 \\ 80.000 & 15.000 & 40.000 \end{pmatrix}$$

Es bedeutet hier also ausnahmsweise nicht $1 \times 1 \cdot 2 \times 3$, was nach den allgemeinen Definitionen auch nicht lösbar wäre.

Aufgabe
Berechnen Sie jeweils:

1.) $\begin{pmatrix} 2 & 5 & 8 \\ 12 & -9 & 2 \\ 8 & 3 & 7 \end{pmatrix} + \begin{pmatrix} 4 & 5 & 7 \\ -5 & -9 & 4 \\ 9 & 4 & 23 \end{pmatrix}$

2.) $\begin{pmatrix} 2 & 5 & 8 \\ 12 & -9 & 2 \\ 8 & 3 & 7 \end{pmatrix} - \begin{pmatrix} 4 & 5 & 7 \\ -5 & -9 & 4 \\ 9 & 4 & 23 \end{pmatrix}$

3.) $\begin{pmatrix} 4 & 2 & 0 \\ 3 & 2 & 1 \\ 5 & 6 & 7 \end{pmatrix} \cdot \begin{pmatrix} 4 & 2 & 1 \\ 5 & 1 & 4 \\ -3 & -2 & 0 \end{pmatrix}$

4.) $\begin{pmatrix} 3 & 5 & 9 \\ 2 & 6 & 8 \\ 4 & 1 & 7 \end{pmatrix} \cdot \begin{pmatrix} 2 & 5 \\ 4 & 1 \\ 3 & 2 \end{pmatrix}$

5.) $\begin{pmatrix} 3 & 2 \\ 2 & 2 \end{pmatrix} \cdot \begin{pmatrix} 2 & 3 & 4 \\ 1 & 2 & 5 \end{pmatrix}$

6.) $\begin{pmatrix} -11 & -17 & 13 \\ 12 & 4 & -5 \\ 3 & -1 & 2 \\ 3 & 4 & 7 \end{pmatrix} \cdot \begin{pmatrix} 7 & -4 \\ 3 & -1 \\ 2 & 15 \end{pmatrix}$

7.) $\begin{pmatrix} 2 & 5 \\ 8 & 9 \end{pmatrix} \cdot \begin{pmatrix} 1 & 0 \\ 0 & 1 \end{pmatrix}$

9.4 Wozu benötigt man Matrizenrechnung?

Matrizen sind nichts weiter als Zahlentabellen. Die getroffenen Vereinbarungen benötigt man, um Tabellen richtig zu verstehen, insbesondere, wenn man Teile aus diesen herauszieht. Benötigt werden solche Tabellen (in Matrizenform) in der Statistik und allen Bereichen, die auf den statistischen Grundlagen aufbauen.

Matrizen werden einem bei jeder Anwendung von Tabellenkalkulationsprogrammen begegnen.

Eine mathematische Anwendung, die wir auch in den Wirtschaftswissenschaften verwenden, ist das Lösen von linearen Gleichungssystemen mittels Matrizenrechnung. Dazu benötigen wir allerdings noch die Determinanten.

10 Determinanten

Determinanten sind Rechenhilfsmittel für ausschließlich quadratische Matrizen ($n \times n$). Für nichtquadratische Matrizen sind Determinanten nicht definiert.

Mathematisch schreibt man „Determinante von Matrix M":
$$det(M) = |M| = \Delta M$$

Diese Schreibweisen sind gleichbedeutend. Die senkrechten Striche, bedeuten normalerweise „Betrag von", das ist hier **nicht** so! Hier haben diese Striche nichts mit der Betragsbildung zu tun.
Genauso wird gerne groß Delta (Δ) verwendet, was man auch als „Differenz von" einsetzt, auch hier hat das Delta nichts mit Differenzen zu tun!

10.1 Determinanten bei 2 x 2 - Matrizen

Die Berechnung der Determinante erfolgt folgendermaßen:
Produkt der Elemente der Hauptdiagonalen − Produkt der Elemente der Nebendiagonalen
Die Hauptdiagonale umfaßt die Elemente von links oben nach rechts unten, die Nebendiagonale besteht aus den Größen von links unten nach rechts oben.

Beispiele:
$$det\begin{pmatrix} 2 & 4 \\ 6 & 7 \end{pmatrix} = 2 \cdot 7 - 4 \cdot 6 = -10$$
$$\begin{vmatrix} 4 & 2 \\ 5 & 3 \end{vmatrix} = 4 \cdot 3 - 2 \cdot 5 = 2$$

Aufgabe 1

Berechnen Sie

1.) $det\begin{pmatrix} 4 & 6 \\ -6 & 3 \end{pmatrix}$

2.) $det\begin{pmatrix} 3 & 17 \\ 256 & -8 \end{pmatrix}$

3.) $\begin{vmatrix} 5 & 2 \\ -9 & -3 \end{vmatrix}$

4.) $\begin{vmatrix} -78 & 5 \\ -3 & 1 \end{vmatrix}$

10.2 Determinanten bei 3 x 3 - Matrizen

Bei größeren Matrizen ist die Berechnung leider etwas aufwendiger. Man kann diese Matrizen aber in 2×2 Matrizen zerlegen und dann wieder berechnen, wie beschrieben.

Zerlegungsmethode:

Schreiben wir zunächst die Lösung auf:

$$\begin{vmatrix} a_{11} & a_{12} & a_{13} \\ a_{21} & a_{22} & a_{23} \\ a_{31} & a_{32} & a_{33} \end{vmatrix} = a_{11} \begin{vmatrix} a_{22} & a_{23} \\ a_{32} & a_{33} \end{vmatrix} - a_{12} \begin{vmatrix} a_{21} & a_{23} \\ a_{31} & a_{33} \end{vmatrix} + a_{13} \begin{vmatrix} a_{21} & a_{22} \\ a_{31} & a_{32} \end{vmatrix}$$

Lösungsweg:
Man schreibt sich eine Vorzeichenmatrix auf, in der Größe der Matrix die zu zerlegen ist (hier 3×3). Dabei beginnt man mit einem Pluszeichen (links oben), danach wechseln sich die Vorzeichen ab:

$$\begin{pmatrix} + & - & + \\ - & + & - \\ + & - & + \end{pmatrix}$$

Man nimmt die erste Zeile der Matrix, für die die Determinante zu bestimmen ist und läuft die Elemente ab: a_{11} ist der erste Faktor. Das Vorzeichen ergibt sich aus der Vorzeichenmatrix; es ist das Vorzeichen, das an der selben Stelle steht, wie unser a_{11}.
Die nachfolgende 2×2 Matrix ergibt sich, indem man aus der Ausgangsmatrix die Zeile und die Spalte herausstreicht, in der das a_{11} steht:[29]

$$\begin{pmatrix} + & - & + \\ - & + & - \\ + & - & + \end{pmatrix} \quad + a_{11} \begin{vmatrix} a_{22} & a_{23} \\ a_{32} & a_{33} \end{vmatrix}$$

Dann nimmt man das zweite Element der ersten Zeile und verfährt analog:

$$\begin{pmatrix} + & - & + \\ - & + & - \\ + & - & + \end{pmatrix} \quad - a_{12} \begin{vmatrix} a_{21} & a_{23} \\ a_{31} & a_{33} \end{vmatrix}$$

---

[29] Schachspieler können sich das so merken: Stellen Sie einen Turm auf das Element a_{ij}, die Felder, die der Turm erreichen kann, sind zu blockieren.

Das selbe Vorgehen für das dritte Element:

$$\begin{vmatrix} a_{11} & a_{12} & \textcircled{a_{13}} \\ a_{21} & a_{22} & a_{23} \\ a_{31} & a_{32} & a_{33} \end{vmatrix} \begin{pmatrix} + & - & \oplus \\ - & + & - \\ + & - & + \end{pmatrix} + a_{13} \begin{vmatrix} a_{21} & a_{22} \\ a_{31} & a_{32} \end{vmatrix}$$

Faßt man die drei Zerlegungen zusammen, so läßt sich die Determinante berechnen.

Beispiel:

$$\begin{matrix} I & II & III \end{matrix}$$
$$\begin{vmatrix} 1 & 4 & 3 \\ -1 & 2 & 5 \\ 3 & -1 & 0 \end{vmatrix} = \overset{I}{+1} \begin{vmatrix} 2 & 5 \\ -1 & 0 \end{vmatrix} \overset{II}{-4} \begin{vmatrix} -1 & 5 \\ 3 & 0 \end{vmatrix} \overset{III}{+3} \begin{vmatrix} -1 & 2 \\ 3 & -1 \end{vmatrix} \qquad \begin{pmatrix} + & - & + \\ - & + & - \\ + & - & + \end{pmatrix}$$

$$1 \begin{vmatrix} 2 & 5 \\ -1 & 0 \end{vmatrix} - 4 \begin{vmatrix} -1 & 5 \\ 3 & 0 \end{vmatrix} + 3 \begin{vmatrix} -1 & 2 \\ 3 & -1 \end{vmatrix} = 1 \cdot ((2 \cdot 0) - (5 \cdot (-1))) - 4 \cdot ((-1 \cdot 0) - 5 \cdot 3) + 3((-1 \cdot (-1)) - 2 \cdot 3)$$
$$1 \cdot (0 + 5) - 4 \cdot (0 - 15) + 3(1 - 6) = 5 + 60 - 15 = 50 \ ^{30}$$

Die Zerlegungsmethode ist hier nur willkürlich über die erste Zeile durchgeführt worden. Man hätte die Zerlegung alternativ auch über die zweite oder dritte Zeile oder auch über die erste, zweite oder dritte Spalte durchführen können. Das Ergebnis ist immer dasselbe!

Verwendet man die zweite Spalte:

$$\begin{matrix} I \end{matrix}$$
$$\begin{vmatrix} 1 & 4 & 3 \\ -1 & 2 & 5 \\ 3 & -1 & 0 \end{vmatrix} = \overset{I}{-4} \begin{vmatrix} -1 & 5 \\ 3 & 0 \end{vmatrix} \overset{II}{+2} \begin{vmatrix} 1 & 3 \\ 3 & 0 \end{vmatrix} \overset{III}{-(-1)} \begin{vmatrix} 1 & 3 \\ -1 & 5 \end{vmatrix} \qquad \begin{pmatrix} + & - & + \\ - & + & - \\ + & - & + \end{pmatrix}$$

Dabei ist zu beachten, daß die Vorzeichenmatrix ein zusätzliches Vorzeichen angibt. Aus der -1 (letzter Faktor) wird durch das „$-$" insgesamt $+1$.

Strategie bei der Anwendung der Zerlegungsmethode

Es ist natürlich jedem frei gestellt, wie er zur Determinantenrechnung die Ausgangsmatrix zerlegt. Wer hiermit Schwierigkeiten hat, kann einfach mechanisch immer nach der ersten Zeile zerlegen und kommt damit zum Ziel.

Wer sich Rechenarbeit ersparen möchte, der sollte in der Ausgangsmatrix nach Nullen suchen und dann die entsprechende Zeile oder Spalte wählen. Dadurch hat man den Vorteil, daß die Null zum Faktor wird. Alles, was mit Null multipliziert wird, ergibt aber ebenfalls Null, so daß man sich keine Gedanken machen muß, wie die zugehörige Teilmatrix lautet.

Wählt man in unserem Ausgangsbeispiel die dritte Zeile oder die dritte Spalte, so hat man es in der Zerlegung nur mit zwei 2×2 - Matrizen zu tun, für die die Determinanten zu berechnen sind.

---

[30] Auf keinen Fall darf bei der Berechnung ein Faktor in die Determinantenberechnung hineingezogen werden. Es ist immer zuerst die Determinante zu berechnen und dann die Multiplikation durchzuführen!

Beispiel: Ausgangsbeispiel nach der 3. Zeile zerlegt:

$$\begin{vmatrix} 1 & 4 & 3 \\ -1 & 2 & 5 \\ 3 & -1 & 0 \end{vmatrix} = 3 \begin{vmatrix} 4 & 3 \\ 2 & 5 \end{vmatrix} - (-1) \begin{vmatrix} 1 & 3 \\ -1 & 5 \end{vmatrix} = 3(4 \cdot 5 - 3 \cdot 2) + 1(1 \cdot 5 - 3 \cdot (-1)) = 3(20 - 6) + (5 + 3) = 50$$

Anwendungstiefe der Zerlegungsmethode

Die Zerlegungsmethode ist universell einsetzbar, um Determinanten zu berechnen. Dargestellt wurde das Verfahren nur für 3×3 Matrizen, es kann aber auch für größere Matrizen angewendet werden. Üblicherweise wird dies im Studium nicht weiter verfolgt, denn wenn man nur an eine 4×4 Matrix denkt: Diese müßten in 4 3×3 Matrizen zerlegt werden, und jede dieser Matrizen, wie gezeigt in 3 2×2 Matrizen, so daß man 12 2×2 Matrizen hätte, von denen die Determinanten zu berechnen wären.

Regel von Sarrus

Diese Methode stellt eine Alternative zum Zerlegungsverfahren für 3×3 Matrizen dar. Hier wird die Grundregel *Hauptdiagonale – Nebendiagonale*, die für 2×2 Matrizen galt, übertragen.
Sehen wir uns dazu wieder unser Beispiel an:

$$\left. \begin{matrix} 1 & 4 & 3 \\ -1 & 2 & 5 \\ 3 & -1 & 0 \end{matrix} \right| \begin{matrix} 1 & 4 \\ -1 & 2 \\ 3 & -1 \end{matrix}$$

Man nimmt die Ausgangswerte und kopiert die erste Spalte hinter die Matrix, dann verfährt man mit der zweiten Spalte genauso (kopieren und wieder an das bisherige Ergebnis anhängen).

Die Hauptdiagonale setzt sich zusammen aus den drei Diagonalen, die von links oben nach rechts unten verlaufen. Die Elemente sind zu multiplizieren, die Einzelergebnisse werden aufaddiert.
Die Nebendiagonale setzt sich zusammen aus den drei Diagonalen, die von links unten nach rechts oben verlaufen. Die Elemente sind ebenfalls zu multiplizieren, die Einzelergebnisse werden aufaddiert.
Dann gilt wieder: *Determinante = Hauptdiagonale – Nebendiagonale*
Somit:

$$\underbrace{1 \cdot 2 \cdot 0 + 4 \cdot 5 \cdot 3 + 3 \cdot (-1) \cdot (-1)}_{Hauptdiagonale} - \underbrace{[(3 \cdot 2 \cdot 3 + 1 \cdot 5 \cdot (-1) + 4 \cdot (-1) \cdot 0]}_{Nebendiagonale} = 50$$

Anwendungstiefe der Regel von Sarrus

Diese Regel gilt **ausschließlich** für 3×3 Matrizen!
Im Studium wird man kaum auf größere Matrizen stoßen und kann damit meist frei wählen, welches Verfahren man anwenden möchte.

Aufgabe 2

1.) $\begin{vmatrix} 2 & 7 & -5 \\ 3 & -2 & 4 \\ 2 & 1 & 3 \end{vmatrix}$

2.) $\begin{vmatrix} 2 & 52 & -3 \\ 17 & 12 & -8 \\ -12 & \frac{1}{8} & 3 \end{vmatrix}$

3.) $\begin{vmatrix} 1 & 1 & 2 \\ 2 & 5 & 2 \\ 3 & 4 & 5 \end{vmatrix}$

10.3 Wozu benötigt man Determinanten?

Mit Determinanten lassen sich auch lineare Gleichungssysteme lösen. Hiermit erhalten wir eine Alternative zum Einsetzungs-, Gleichsetzungs- und Additionsverfahren.
Dies erreicht man durch die Regel von CRAMER.

10.4 Regel von Cramer

Bezeichnet man die Variablen eines Gleichungssystems mit x_i, so ergibt sich die Lösung dieses Gleichungssystems durch:

$$x_i = \frac{\Delta x_i}{\Delta}$$

Beispiel:[31]
I $4x_1 + 3x_2 = 144$
II $6x_1 + 4x_2 = 120$
Dieses System läßt sich nun in Matrizenschreibweise umformulieren. Dazu zieht man sämtliche Faktoren vor den Variablen heraus und faßt sie in einer Matrix (= Faktorenmatrix) zusammen. Die Variablen faßt man ebenfalls in einer Matrix, genauer: in einen Vektor zusam-

---

[31] Genommen wird nochmals das Beispiel aus dem Kapitel über lineare Gleichungen.

men, da diese Matrix nur eine Spalte besitzt (diesen Vektor können wir als Variablenvektor bezeichnen). Die Lösungswerte schreibt man ebenfalls als Vektor auf (Lösungsvektor):

$$\begin{pmatrix} 4 & 3 \\ 6 & 4 \end{pmatrix} \begin{pmatrix} x_1 \\ x_2 \end{pmatrix} = \begin{pmatrix} 144 \\ 120 \end{pmatrix}$$

Hier haben wir eine 2×2 Matrix, die mit einer 2×1 Matrix (einem Vektor) multipliziert wird. Das Ergebnis müßte sein 2×1. Das stimmt mit der Größe unseres Lösungsvektors überein. Wendet man die Multiplikationsregeln für Matrizen an (bilden des Skalarprodukts), so sieht man, daß diese Schreibweise mit dem ursprünglichen Gleichungssystem übereinstimmt.

Für die Lösung nach Cramer brauchen wir Δ, Δx_1 und Δx_2.

Δ ist die Determinante der Faktorenmatrix:

$$\Delta = \begin{vmatrix} 4 & 3 \\ 6 & 4 \end{vmatrix} = 4 \cdot 4 - 3 \cdot 6 = -2$$

Δx_1 (gesprochen: „Determinante nach x_1") berechnet man, indem man die erste Spalte der Faktorenmatrix durch den Lösungsvektor austauscht. Die Faktoren der ersten Spalte (4 und 6) beziehen sich auf die Variable x_1. Deshalb: Determinante nach x_1.

$$\Delta x_1 = \begin{vmatrix} 144 & 3 \\ 120 & 4 \end{vmatrix} = 144 \cdot 4 - 3 \cdot 120 = 216$$

Δx_2 berechnet man dann analog, indem man in der Faktorenmatrix die zweite Spalte durch den Lösungsvektor ersetzt. Diese zweite Spalte bezieht sich nur auf x_2, deshalb: Determinante nach x_2.

$$\Delta x_2 = \begin{vmatrix} 4 & 144 \\ 6 & 120 \end{vmatrix} = 4 \cdot 120 - 144 \cdot 6 = -384$$

Jetzt kann man mit der Cramerregel die Lösung der x-Werte ermitteln:

$$x_i = \frac{\Delta x_i}{\Delta} \text{, also}$$

$$x_1 = \frac{\Delta x_1}{\Delta} = \frac{216}{-2} = -108$$

$$x_2 = \frac{\Delta x_2}{\Delta} = \frac{-384}{-2} = 192$$

Das, was viele hier als „schön" an dieser Regel ansehen können, ist, daß man nicht mehr zu überlegen braucht. Jedes lineare Gleichungssystem läßt sich mit der Regel von Cramer nach dem immer gleichen Schema lösen. Das gilt für wirklich jedes Gleichungssystem. Bei der Anwendung des Verfahrens von Lagrange erhalten wir bei der Minimalkombination (zwei Variablen, eine Nebenbedingung) normalerweise über die Ableitung 3 lineare Gleichungen. Diese lassen sich selbstverständlich auch mit der Cramerregel lösen:

$$x_1 = \frac{\Delta x_1}{\Delta}, x_2 = \frac{\Delta x_2}{\Delta}, \lambda = \frac{\Delta \lambda}{\Delta}$$

Sollte ein Gleichungssystem nicht lösbar sein, weil lineare Abhängigkeiten bestehen, so erkennt man diese bei Cramer spätestens, wenn man Δ ausgerechnet hat. Δ ist in diesem Fall immer Null! Da Division durch Null nicht definiert ist, erübrigt sich das Weiterrechnen.

Für Wirtschaftsinformatiker ergibt sich ein weiteres Anwendungsfeld: Mit dieser Regel können sie Ihrem Computer das Lösen von linearen Gleichungssystemen beibringen. Probieren Sie es aus!

Aufgabe 3

Berechnen Sie die Lösung für folgende Gleichungssysteme

1.) $\begin{pmatrix} 5 & 6 \\ 4 & 3 \end{pmatrix} \begin{pmatrix} x_1 \\ x_2 \end{pmatrix} = \begin{pmatrix} 60 \\ 100 \end{pmatrix}$

2.) $2x_1 + 4x_2 = 200$
    $4x_1 + 10x_2 = 100$

3.) $\begin{pmatrix} 1 & -1 & 2 \\ 2 & -3 & 5 \\ 3 & -2 & -1 \end{pmatrix} \begin{pmatrix} x \\ y \\ z \end{pmatrix} = \begin{pmatrix} 7 \\ 17 \\ 12 \end{pmatrix}$

4.) $3x_1 + 4x_2 - 6x_3 = -44$
    $5x_1 + 7x_2 + 3x_3 = 3$
    $4x_1 - 2x_2 + 4x_3 = 50$

5.) Rudi Rüpel möchte seine Weihnachtsgeschenkausbeute maximieren. Die Anzahl der Geschenke hängt ab von: $G = 2x_1 + 3x_2 + \frac{1}{2}x_1^2 + \frac{1}{4}x_2^2 - 15{,}5$

wobei x_1 = Anzahl der guten Taten gegenüber der Schwester und x_2 = Anzahl der guten Taten gegenüber den Eltern. Aufgrund der fortgeschrittenen Zeit kann Rudi Rüpel nur noch 7 gute Taten vollbringen.

Erstellen Sie ein mathematisches Modell für die Weihnachtsgeschenkmaximierung, entwickeln Sie die Lösungsgleichungen und lösen Sie das Gleichungsmodell mit Hilfe der Regel von Cramer.

11 Summenzeichen

Das Summenzeichen ist nichts weiter, als eine abkürzende Schreibweise für eine Summe. Da gerade in der Wirtschaft Unmengen von Zahlen zu verarbeiten sind, ist es hier nicht mehr wegzudenken.

Als Summenzeichen wurde der Großbuchstabe Sigma gewählt (griechisch S für Summe).

$$\sum_{i=Startpunkt}^{Endpunkt} zu\ addierende\ Größen$$

Unter das Summenzeichen schreibt man eine Variable, mit der man zählen möchte (Laufvariable, Zählvariable oder Indexvariable genannt), hier: i. Nach dem Gleichheitszeichen folgt der Startpunkt, also von wo aus man mit dem Zählen beginnen soll. Über das Summenzeichen schreibt man den Endpunkt, wie weit man zählen soll. Die **Schrittweite beim Zählen ist immer 1**.

Was hinter dem Summenzeichen steht wird aufaddiert, während man über die Variable zählt.

Beispiel:

$$\sum_{i=1}^{5} 4$$

Das bedeutet: „Zähle für i von 1 bis 5 und addiere dabei die 4.

Man beginnt zu zählen mit $i = 1$. Was steht hinter dem Summenzeichen? 4. Man zählt weiter, $i = 2$, was steht hinter dem Summenzeichen? 4. Dies wird zur ersten 4 addiert (ergibt 8). Man zählt weiter, $i = 3$, was steht hinter dem Summenzeichen? 4. Dies wird wieder addiert (Zwischensumme 12) usw. bis man $i = 5$ erreicht. Dies ist der Endpunkt, hier hört man mit dem Weiterzählen und damit auch mit dem Weiteraddieren auf.

In Kurzform:

$$\sum_{i=1}^{5} 4 = \underset{i=1}{4} + \underset{i=2}{4} + \underset{i=3}{4} + \underset{i=4}{4} + \underset{i=5}{4} = 20$$

Hier wird jeder zu Recht einwenden, daß man das durch $5 \cdot 4 = 20$ viel einfacher hätte haben können. Für die Addition von Konstanten ist das Summenzeichen eher zu aufwendig, da reicht die einfache Multiplikation.

Damit kann man sehen: Das Summenzeichen macht dann als abkürzende Schreibweise Sinn, wenn sich während des Zählens die Größen hinter dem Summenzeichen verändern.

Beispiel:

$$\sum_{i=1}^{5} i$$

Das bedeutet: „Zähle für i von 1 bis 5 und addiere dabei i.

Ausgeschrieben:

$$\sum_{i=1}^{5} i = \underset{i=1}{1} + \underset{i=2}{2} + \underset{i=3}{3} + \underset{i=4}{4} + \underset{i=5}{5} = 15$$

Da i Zählvariable ist, gleichzeitig aber auch die Größe darstellt, die zu addieren ist, ändert sich beim Zählen die hinter dem Summenzeichen stehende Größe.

Damit kann man das Summenzeichen nutzen, um in Kurzform anzugeben, daß Größen aus einer Tabelle zu addieren sind.

Beispiel:

Stadtteil	Villenviertel	Wohnviertel	Gewerbegebiet	Geschäftsviertel	Eingemeindete Dörfer
Einwohner	10.000	180.000	20.000	30.000	60.000

Wieviele Einwohner hat die Stadt?

Wenn uns die Namen der einzelnen Stadtteile nicht interessieren, können wir diese einfach durchnumerieren von eins bis fünf. Die Numerierung könnten wir über i vornehmen. Die Einwohner könnten wir mit der Variablen E bezeichnen. Dann gilt:
E_i = Einwohnerzahl in Stadtteil i.
$\sum\limits_{i=1}^{5} E_i$. Dies Summenzeichen beschreibt dann die Lösung zur Frage.

$$\sum\limits_{i=1}^{5} E_i = E_1 + E_2 + E_3 + E_4 + E_5 = 10.000 + 180.000 + 20.000 + 30.000 + 60.000 = 300.000$$

Das Summenzeichen ist nur als abkürzende Schreibweise gedacht, um eine hohe Anzahl von Größen addieren zu können.
Wenn man sich, wie im Beispiel eben, überlegt, wieviele Auszahlungen fallen an Lohn- und Gehaltszahlungen in einem Unternehmen mit 100 Mitarbeitern an?
Wenn man über i zählt und die Gehälter mit G bezeichnet: $\sum\limits_{i=1}^{100} G_i$

Das ist allemal schöner, als wenn man schreibt: $G_1 + G_2 + G_3 + \ldots + G_{99} + G_{100}$.

11.1 Rechen- und Vereinfachungsregeln

Stellen wir zunächst die wichtigsten Rechenregeln insgesamt dar, damit man sie leichter nachschlagen kann (die Einzelerklärung folgt wieder im Anschluß):

$$\sum\limits_{i=1}^{n} c = n \cdot c \qquad \text{mit } c = \text{beliebige Konstante}$$

$$\sum\limits_{i=m}^{n} c = (n - m + 1) \cdot c \qquad \text{für } m < n$$

$$\sum\limits_{i=1}^{n} c a_i = c \sum\limits_{i=1}^{n} a_i$$

$$\sum\limits_{i=1}^{n} a_i \pm b_i = \sum\limits_{i=1}^{n} a_i \pm \sum\limits_{i=1}^{n} b_i$$

$$\sum_{i=1}^{m} a_i + \sum_{i=m+1}^{n} a_i = \sum_{i=1}^{n} a_i$$

$$\sum_{i=1}^{n} i = \frac{1+n}{2} n$$

$$\sum_{i=1}^{n} \sum_{j=1}^{m} a_{ij} = \sum_{j=1}^{m} \sum_{i=1}^{n} a_{ij}$$

Addition von Konstanten:

$$\sum_{i=1}^{n} c = n \cdot c$$

Statt die immer selbe Größe aufzuaddieren, multipliziert man sie einfach mit der Anzahl. Unser Einführungsbeispiel zeigte dies:

$$\sum_{i=1}^{5} 4 = \underset{i=1}{4} + \underset{i=2}{4} + \underset{i=3}{4} + \underset{i=4}{4} + \underset{i=5}{4} = 5 \cdot 4 = 20$$

Zählt man von *1* bis *5*, so ist *5* mal die *4* aufzuaddieren.

Addition von Konstanten:

$$\sum_{i=m}^{n} c = (n-m+1) \cdot c$$

Dies ist dieselbe Regel, wie die vorangegangene. Man beginnt nur nicht bei eins mit dem Zählen, sondern an einer beliebigen anderen Stelle. Da wir immer nur vorwärts zählen mit Schrittweite *1*, muß der Startpunkt (*m*) natürlich kleiner sein als der Endpunkt (*n*). Man multipliziert die Konstante wieder mit der Anzahl (= *n* – *m* + *1*). Beispiel:

$$\sum_{i=3}^{5} 4 = \underset{i=3}{4} + \underset{i=4}{4} + \underset{i=5}{4} = (5-3+1) \cdot 4 = 3 \cdot 4 = 12$$

Wenn man in unserem Beispiel bei *3* mit dem Zählen beginnt, addiert man die *4* drei mal. *Endpunkt (n) – Startpunkt (m) +1* ergibt die Anzahl der Konstanten. Ohne das *+1* zählt man den Startpunkt nicht mit.

Ein konstanter Faktor darf vor das Summenzeichen gezogen werden:

$$\sum_{i=1}^{n} c a_i = c \sum_{i=1}^{n} a_i$$

Das ist nichts weiter, als Faktorisieren (= Ausklammern).
Erweitern wir unser Einwohnerbeispiel:
Der Stadtrat erhält pro Einwohner einen Landeszuschuß von 30 €. Wieviel Geld steht dem Stadtrat zu?

$$\sum_{i=1}^{5} 30 \cdot E_i = 30 \cdot 10.000 + 30 \cdot 180.000 + 30 \cdot 20.000 + 30 \cdot 30.000 + 30 \cdot 60.000 = 9.000.000$$

Man kann ausrechnen, wieviel Geld der Stadtrat pro Stadtteil erhält und dann die Summe bilden. Oder man zieht den Faktor vor das Summenzeichen und errechnet erst die Einwohnerzahl und dann den Gesamtzuschuß:

$$30 \sum_{i=1}^{5} E_i = 30 \cdot (10.000 + 180.000 + 20.000 + 30.000 + 60.000) = 9.000.000$$

Das erspart lästige Einzelmultiplikationen.

Die Reihenfolge der Addition / Subtraktion darf vertauscht werden

$$\sum_{i=1}^{n} a_i \pm b_i = \sum_{i=1}^{n} a_i \pm \sum_{i=1}^{n} b_i$$

Beispiel:

Ein Unternehmen besteht aus drei Filialen mit folgenden Umsätzen und Kosten

	1	2	3
Umsatz = U_i	500.000	700.000	850.000
Kosten = K_i	350.000	580.000	670.000

Wieviel Gewinn erzielt das Unternehmen insgesamt?

Es gilt: *Gewinn = Umsatz – Kosten*

Berechnet man so den Gewinn jeder Filiale und addiert die drei Ergebnisse, hat man die Lösung. Mit dem Summenzeichen sieht das so aus:

$$\sum_{i=1}^{3} U_i - K_i = (U_1 - K_1) + (U_2 - K_2) + (U_3 - K_3)$$

$$= (500.000 - 350.000) + (700.000 - 580.000) + (850.000 - 670.000)$$

$$= 150.000 + 120.000 + 180.000 = 450.000$$

Das selbe Ergebnis erhält man natürlich auch, wenn man von der Summe der Umsätze die Summe der Kosten abzieht:

$$\sum_{i=1}^{3} U_i - \sum_{i=1}^{3} K_i = (U_1 + U_2 + U_3) - (K_1 + K_2 + K_3)$$

$$= (500.000 + 700.000 + 850.000) - (350.000 + 580.000 + 670.000) = 450.000$$

Reihen können zusammengefaßt oder in Einzelreihen zerlegt werden.

$$\sum_{i=1}^{m} a_i + \sum_{i=m+1}^{n} a_i = \sum_{i=1}^{n} a_i$$

Beispiel:

Man soll die Gehälter von 100 Mitarbeitern eines Unternehmens addieren 95 Mitarbeiter arbeiten in der Zentrale und verdienen zusammen 242.500 €. Die anderen Mitarbeiter arbeiten in einer Filiale und verdienen: 2.500 €, 2.600 €, 2.200 €, 1.800 €, 3.200 €.

Die Summe aller Gehälter, wenn man mit G_i das Gehalt von Mitarbeiter i bezeichnet, ist:

$$\sum_{i=1}^{100} G_i = G_1 + G_2 + \ldots + G_{100}$$

Da man aber weiß, was die ersten 95 Mitarbeiter verdienen, gilt auch:

$$\sum_{i=1}^{100} G_i = \sum_{i=1}^{95} G_i + \sum_{i=96}^{100} G_i = 242.500 + (2.500 + 2.600 + 2.200 + 1.800 + 3.200) = 254.800$$

Diese Zerlegung bietet sich an, wenn man Zwischenergebnisse hat, die man weiter verwenden kann oder wenn ein Teil der Reihe verschwindet.

Beispiel:

$$\sum_{i=-26}^{30} i = \sum_{i=-26}^{26} i + \sum_{i=27}^{30} i = 0 + (27 + 28 + 29 + 30) = 114$$

Die Addition der Zahlen von –26 bis +26 hebt sich gegenseitig auf. Die Summe ist Null.

Summe einer gleichförmigen Reihe durch Mittelwertberechnung:

$$\sum_{i=1}^{n} i = \frac{1+n}{2} n$$

Beispiel:

$$\sum_{i=1}^{5} i = 1+2+3+4+5+6+7 = \frac{1+7}{2} \cdot 7 = 4 \cdot 7 = 28$$

Dieses Beispiel kann man leicht „zu Fuß" nachrechnen. Die Vereinfachungsformel verwendet eine Mittelwertberechnung. Dabei ergibt $\frac{1+n}{2}$ den Mittelwert der Reihe. n zeigt die Anzahl der Zahlen in der Reihe. *Mittelwert · Anzahl = Summe der Reihe.*

Das kann man so nachvollziehen: Stellen Sie sich die komplette Zahlenreihe vor und laufen Sie die Reihe gleichzeitig von links und von rechts ab. Die Summe der beiden Zahlen ergibt immer dasselbe Ergebnis:

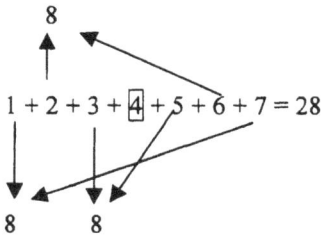

1 + 7 = 8 (der Mittelwert von zwei Zahlen ist die Hälfte, also 4)
2 + 6 = 8 (Mittelwert wieder 4)
3 + 5 = 8 (Mittelwert 4)
Bei einer Reihe mit ungerader Anzahl an Größen, existiert der Mittelwert selbst in der Reihe, nämlich genau in der Mitte (im Zentrum der Reihe = *4*)
Eine Reihe nur aus dem Mittelwert führt zum selben Ergebnis:
  4 + 4 + 4 + 4 + 4 + 4 + 4 = 28
Denn die „Fehler", die man macht, gleichen sich aus. Zuerst nimmt man *4* statt *1*, das sind *3* zuviel, für die letzte Zahl *7* nimmt man aber auch nur die *4*, also *3* zuwenig.
Statt die Vieren einzeln aufzuaddieren, können wir unsere erste Regel wieder anwenden, nämlich das Addieren von Konstanten. Wir haben insgesamt *7* Zahlen (allgemein *n*), deshalb *7 · 4 = 28*.

Vertauschen von Summenzeichen:

$$\sum_{i=1}^{n} \sum_{j=1}^{m} a_{ij} = \sum_{j=1}^{m} \sum_{i=1}^{n} a_{ij}$$

Treten mehrere Summenzeichen hintereinander auf, so darf die Reihenfolge beliebig verändert werden.
Sehen wir uns zunächst an, wie man mit mehreren Summenzeichen hintereinander rechnet. Ein Doppelsummenzeichen kann man sich praktisch als das Summieren der Elemente einer Matrix vorstellen.

$$M = \begin{pmatrix} 2 & 3 & 4 & 5 \\ 7 & 8 & 9 & 6 \\ 5 & 4 & 3 & 2 \end{pmatrix} \text{ mit den Elementen } a_{ij}.$$

Dabei gilt wieder die Vereinbarung aus der Matrizenrechnung. Der erste Index (i) gibt die Zeile, der zweite Index (j) gibt die Spalte an.

Will man die Summe aller Elemente aus M errechnen, schreibt man das so:

$\sum\limits_{i=1}^{3}\sum\limits_{j=1}^{4} a_{ij}$ Summiere über die *3* Zeilen ($i = 1, 2, 3$) und über die *4* Spalten ($j = 1, 2, 3, 4$)

Man beginnt mit $i = 1$, dann trifft man auf das zweite Summenzeichen und beginnt für j mit dem Zählen bei 1. Was steht hinter dem Summenzeichen? a_{ij}. Also a_{11}. Das Element hat den Wert 2, laut Matrix M. Jetzt muß man das zweite Summenzeichen komplett abarbeiten. Also $j = 2, j = 3$ und $j = 4$. Man addiert a_{12}, und a_{13} und a_{14} (3, 4, 5).

Man kehrt zum ersten Summenzeichen zurück und wird aufgefordert für i weiter zuzählen: $i = 2$. Jetzt trifft man auf das zweite Summenzeichen und muß wieder für j zählen, beginnend wieder bei 1.

	j = 1	j = 2	j = 3	j = 4	
i = 1	2	+ 3	+ 4	+ 5	
i = 2 +	7	+ 8	+ 9	+ 6	
i = 3 +	5	+ 4	+ 3	+ 2	= 58

Vertauscht man die Summenzeichen, so vertauscht man nur die Reihenfolge der Addition. Bei unserem Beispiel addiert man jetzt erst die erste Spalte, dann die zweite Spalte usw.

$$\sum_{j=1}^{4}\sum_{i=1}^{3} a_{ij} = 2+7+5+3+8+4+4+9+3+5+6+2 = 58$$

Aufgabe 1

1.) $\sum\limits_{i=1}^{50} i$

2.) $\sum\limits_{i=1}^{80} 7i$

3.) $\sum\limits_{i=1}^{60} c$

4.) $\sum\limits_{i=1}^{60}\sum\limits_{j=1}^{50} c$

5.) $\sum\limits_{i=1}^{60}\sum\limits_{j=1}^{50} i$

6.) $\sum\limits_{i=1}^{3}\sum\limits_{j=1}^{4}\sum\limits_{k=1}^{7} i \cdot 5$

7.) $\sum\limits_{i=1}^{30}\sum\limits_{j=1}^{15} i \cdot 3$

8.) $\sum\limits_{i=-8}^{12} 12$

Man kann die Regeln natürlich auch mischen.

Beispiel:

$$\sum_{i=4}^{12} i = 4+5+6+7+8+9+10+11+12 = 72$$

Hier bietet sich die Mittelwertberechnung an: *Mittelwert · Anzahl der Zahlen*. Aber: Das Summenzeichen beginnt nicht bei 1 mit dem Zählen. Die Anzahl der Größen in einer Reihe hatten wir in der zweiten Regel. *(n-m+1)*.
Es muß also gelten:

$$\sum_{i=m}^{n} i = \frac{m+n}{2}(n-m+1) \text{ mit } m < n$$

Hier:

$$\sum_{i=4}^{12} i = \frac{4+12}{2}(12-4+1) = 8 \cdot 9 = 72$$

4 + 12 = 16 (genauso *5 + 11, 6 + 10, 7 + 9*), Mittelwert ist 8. Die Anzahl der Zahlen ist 9.

$$\sum_{i=-7}^{10} 125 \cdot i = 125 \sum_{i=-7}^{10} i = 125 \cdot \left(\sum_{i=-7}^{7} i + \sum_{i=8}^{10} i \right) = 125 \cdot \sum_{i=8}^{10} i = 125(8+9+10) = 3.375$$

Ein konstanter Faktor darf vor das Summenzeichen gezogen werden. Summen darf man in einzelne Summen zerlegen. Die Zahlen von −7 bis +7 heben sich gegenseitig auf.

Natürlich kann man alternativ auch die Mittelwertüberlegung wählen:

$$\sum_{i=-7}^{10} 125 \cdot i = 125 \sum_{i=-7}^{10} i = 125 \cdot \frac{-7+10}{2} \cdot (10-(-7)+1) = 125 \cdot 1,5 \cdot 18 = 3.375$$

Den konstanten Faktor wieder vor das Summenzeichen ziehen. Mittelwert der Reihe −7 bis + 10 ergibt 1,5. Anzahl der Zahlen von −7 bis +10 (mit der Null) ist 18.

Aufgabe 2

1.) $\displaystyle\sum_{t=-20}^{40} 15a$

2.) $\displaystyle\sum_{i=1}^{20} 12i$

3.) $\displaystyle\sum_{t=1}^{20}\sum_{s=1}^{30} 27s$

4.) $\displaystyle\sum_{i=1}^{20}\sum_{j=1}^{40} a \cdot b \cdot c$

5.) $\displaystyle\sum_{i=50}^{200} i$

6.) $\displaystyle\sum_{i=-30}^{33} i$

7.) $\sum_{i=-40}^{50} 36i$

8.) $\sum_{i=60}^{140} 52i$

11.2 Wozu benötigt man das Summenzeichen?

Das Summenzeichen ist nicht neu, sondern nur eine verkürzte Schreibweise von Additionen. Man setzt es ein, wenn man insbesondere große Mengen von Zahlen, die sich unterscheiden, addieren möchte.

Selbst das simpelste Tabellenverarbeitungsprogramm kommt nicht ohne das Summezeichen aus.

Für das weitere Studium: Sie brauchen das Summenzeichen in nahezu allen Fachgebieten, die mathematische Grundlagen weiter verwenden: Investitionsrechnen, Finanzierung zum Beispiel, sowie in der Statistik und allen Gebieten, die Statistik weiter verwenden.

12 Finanzmathematik: Zinsberechnung

Definieren wir dazu die notwendigen Größen:

K = Kapital
K_0 = Kapital zum Zeitpunkt Null = Ausgangskapital
K_n = Kapital zum Zeitpunkt n = Endkapital
n = Laufzeit in Jahren
i = Zinssatz (pro Jahr = p. a. = per anno)

12.1 Einfache Verzinsung (ohne Zinseszinsen)

$$K_n = K_0 \cdot (1 + i \cdot n)$$

Die 1 steht dabei für 100%. $i \cdot n$ ergibt die gesamten Zinsen als relative Größe.

Beispiel:
Wieviel Geld besitzt ein Sparer, der 10.000 € Startkapital mit 5% 3 Jahre verzinsen läßt (ohne Zinseszinsen)
$K_0 = 10.000, \ i = 5\%, \ n = 3$
$$K_n = 10.000 \cdot (1 + 0,05 \cdot 3) = 10.000 \cdot 1,15 = 11.500$$

Der Klammerausdruck gibt $1 + 0,15$, also zu seinem Ausgangskapital (*100%*) erhält der Sparer *15%* Zinsen.

12.2 Verzinsung mit Zinseszinsen

$$K_n = K_0 \cdot (1 + i)^n \ \text{[32]}$$

Beispiel:
Wieviel Geld besitzt ein Sparer, der 10.000 € Startkapital mit 5% 3 Jahre verzinsen läßt (mit Zinseszinsen)
$K_0 = 10.000, \ i = 5\%, \ n = 3$
$$K_n = 10.000 \cdot (1 + 0,05)^3 = 10.000 \cdot 1,157625 = 11.576,25$$

Der Klammerausdruck gibt auch hier *1 (100%) + Zinsen (15,7625%)*.

---

[32] Eine ausführliche Herleitung hierzu wurde bereits als Anwendungsfall im Kapitel Potenzrechnen beschrieben.

12.3 Unterjährige Verzinsung

Die unterjährige Verzinsung benötigt man, wenn ein Zinssatz nicht (wie üblich) pro Jahr, sondern für einen kürzeren Zeitraum festgelegt ist, zum Beispiel Monatszinsen oder Quartalszinsen.

Um unsere Formeln analog anwenden zu können, brauchen wir zusätzlich folgende Definitionen:

m = Anzahl der Zinsperioden pro Jahr
j = Zinssatz pro Zinsperiode
N = Laufzeit in Zinsperioden. Dann gilt: $N = n \cdot m$

Dann lauten die Formeln:
$K_N = K_0 \cdot (1 + j \cdot N)$ ohne Zinseszinsen
$K_N = K_0 \cdot (1 + j)^N$ mit Zinseszinsen

Beispiel:
Ein Anleger hat 80.000 € Startkapital. Er erhält 0,5% Zinsen pro Monat. Die Laufzeit beträgt 1,5 Jahre.
Wieviel Geld hat er nach Ablauf der Laufzeit: a) ohne Zinseszinsen, b) mit Zinseszinsen

$K_0 = 80.000$, $j = 0,5\%$, $n = 1,5$
m ist die Anzahl der Zinsperioden pro Jahr, hier also die Anzahl der Monate pro Jahr, somit gilt $m = 12$.
N ist Laufzeit in Zinsperioden, also hier in Monaten. $N = m \cdot n = 12 \cdot 1,5 = 18$.

a) ohne Zinseszinsen
$K_N = K_0 \cdot (1 + j \cdot N)$
$K_N = 80.000 \cdot (1 + 0,005 \cdot 18)$
$K_N = 80.000 \cdot 1,09 = 87.200$

b) mit Zinseszinsen
$K_N = K_0 \cdot (1 + j)^N$
$K_N = 80.000 \cdot (1 + 0,005)^{18}$
$K_N = 80.000 \cdot 1,093928\ldots = 87.514,32$

Für die gewählten „glatten" Zahlen läßt sich dies leicht nachvollziehen. Die Anwendung funktioniert immer nach diesem Vorgehen, auch für „krumme" Ergebnisse.

Aufgabe 1

Berechen Sie jeweils mit und ohne Zinseszinsen:
1.) $K_0 = 45.000$, $i = 5\%$, Laufzeit = 5 Jahre, $K_n = ?$
2.) $K_0 = 80.000$, $i = 6\%$, Laufzeit = 13 Jahre, $K_n = ?$
3.) $K_n = 118.000$, $i = 4,5\%$, Laufzeit = 6 Jahre, $K_0 = ?$
4.) $K_{10} = 150.000$, $i = 8\%$, $K_0 = ?$
5.) $K_0 = 5.000$, $j = 2\%$ pro Quartal, $N = 3$ Jahre und 5 Monate, $K_N = ?$
6.) $K_0 = 3.000$, $j = 4\%$ pro Halbjahr, $N = 10$ Monate, $K_N = ?$

Konformer Zinssatz i*

Der konforme Zinssatz ist die Umrechnung eines unterjährigen Zinssatzes in einen Jahres-zinssatz unter Beachtung von Zinseszinsen.[33]
Ein einheitlicher Jahreszins ($i*$) soll dabei insgesamt zum selben Ergebnis führen, wie die Anwendung eines beliebigen Zinssatzes j.
Mathematisch: *Ergebnis mit $i*$ = Ergebnis mit j*

$$K_0(1+i*)^n = K_0(1+j)^N \mid \div K_0$$
$$(1+i*)^n = (1+j)^N \mid \sqrt[n]{}$$
$$1+i* = \sqrt[n]{(1+j)^N} \qquad \text{Es galt aber: } N = n \cdot m$$
$$1+i* = \sqrt[n]{(1+j)^{n \cdot m}} \qquad \text{Mit } n \text{ potenzieren und } n\text{-te Wurzel ziehen, hebt sich auf.}$$
$$1+i* = (1+j)^m$$
$$i* = (1+j)^m - 1$$

Damit haben wir die Lösungsformel.

Beispiel:
Für eine Geldanlage stehen folgende Anlagen (mit Zinseszinsen) zur Auswahl:
Bank A: 8% pro Jahr
Bank B: 1,98% pro Quartal
Bank C: 0,65% pro Monat
Welche Anlage soll gewählt werden?

Lösung:
Da für Bank A bereits ein Jahreszins vorgegeben ist, rechnet man B und C in Jahreszinssätze um:
Bank B: Ein Jahr hat 4 Quartale, also $m = 4$: $i* = (1+0,0198)^4 - 1 = 0,081583 = 8,16\%$
Bank C: Ein Jahr hat 12 Monate, also $m = 12$: $i* = (1+0,0065)^{12} - 1 = 0,080849 = 8,08\%$
Somit: Bank B macht das beste Angebot.

Man sieht: Sowohl Bank B und C hätten ohne Zinseszinseffekt ein schlechteres Angebot als A abgegeben.
B: *1,98% · 4 = 7,92%*, C: *0,065% · 12 = 7,8%*.
Das zwischenzeitliche Auszahlen der Zinsen und das Mitverzinsen, führt zu einem insgesamt besseren Ergebnis.

---

[33] Ohne Zinseszinsen stellt diese Berechnung keine Herausforderung dar: 0,5% pro Monat ergibt mal 12 = 6% pro Jahr. Mit Zinseszinseffekt müssen alle Zinseszinsen, die insgesamt anfallen mit in einen Jahreszins umge-rechnet werden.

12.4 Wozu benötigt man Zinsberechnung?

Die Frage nach der Praxisrelevanz erübrigt sich, da selbst Kinder mit einem Sparbuch schon hiermit konfrontiert werden. Zinsen, vor allem mit Zinseszinsen sind ein ganz grundlegender Bestandteil in der Wirtschaft. Hierdurch wird ausgedrückt, daß Geld, das man erst später bekommt, nicht so wertvoll ist, wie Geld, das man jetzt schon hat. Geld, das bereits zur Verfügung steht, kann zur Erwirtschaftung von Zinsen eingesetzt werden.

Zinsrechnung ohne Zinseszinsen findet man im juristischen Bereich. Verzugszinsen, Zinsen, die durch Gerichte festgelegt werden, Zinsen im Steuerrecht (z. B.: Stundungszinsen) oder Sozialversicherungsrecht (z. B.: Nachzahlungszinsen) werden ohne Zinseszinseffekt berechnet.

Aufgabe 2

1.) Entwickeln Sie eine Formel zur Berechnung des Zinssatzes i bei Zinseszinsrechnung, wenn Anfangs- und Endkapital, sowie die Laufzeit vorgegeben sind.

2.) Berechnen Sie mit der Formel aus Nr. 1, welchen Zinssatz man benötigt, um sein Kapital in 20, 10 bzw. 5 Jahren zu verdoppeln.

3.) Gustav Grübel (GG) möchte in 10 Jahren 100.000 € zur Verfügung haben. Er kann sein Geld für 5 Jahre zu 7% anlegen. Für die nächsten 5 Jahre erhält er 5%. Wieviel Geld muß er anlegen? (mit Zinseszinsen)

4.) Für eine Geldanlage stehen folgende Möglichkeiten zur Verfügung:
Bank A: 6% pro Jahr
Bank B: 2,9% pro Halbjahr
Welche Bank macht unter Berücksichtigung von Zinseszinsen das bessere Angebot?

5.) Für eine Geldanlage stehen folgende Möglichkeiten zur Verfügung:
Bank A: 7% pro Jahr
Bank B: 1,7% pro Quartal
Welche Bank macht unter Berücksichtigung von Zinseszinsen das bessere Angebot?

6.) Für ein Tagesgeldkonto werden 2,4% p. a. an Zinsen gewährt. Die Zinsen werden jeden Monat gutgeschrieben und wieder mitverzinst.
Welchen Zins müßte man für ein Tagesgeldkonto erhalten, bei dem die Auszahlung der Zinsen erst zum Jahresende erfolgt, wenn man das selbe Ergebnis erreichen möchte?

13 Finanzmathematik: Rentenberechnung

Berechnet wird eine mathematische Rente. Dies läßt sich auf viele Teilbereiche übertragen. Ein klassischer Fall ist aber die private Rentenberechnung.[34]
Die Rentenberechnung erfolgt immer unter Beachtung von Zinseszinsen!
Wir unterstellen dabei zunächst:

- jährliche Rente (eine Rentenzahlung pro Jahr)
- endliche Rente (die Laufzeit der Rente ist genau festgelegt)
- konstante Rente (die Höhe der Rentenzahlung wird während der Laufzeit nicht verändert)

Dabei ist der Rentenbegriff mathematisch sehr weit gefaßt. Wer diese „Rente" bezahlt ist unerheblich.
Die private Rente ist ein solcher Anwendungsfall, die Zahlung erfolgt von einem Versicherungsunternehmen an einen Versicherten.
Sparverträge kann man mit der Rentenberechnung kalkulieren. Hier zahlt ein Sparer einen festen Betrag an die Bank.
Kreditverträge unterliegen dieser Berechnung. Der Kreditnehmer erhält ein Darlehen und zahlt dies in gleichbleibenden Beträgen zurück.[35]

Dazu folgende Definitionen:
r = Rentenhöhe
i = Zinssatz
q = Zinsfaktor ($= 1 + i$)
n = Laufzeit der Rente in Jahren
R_n = Rentenendwert
R_0 = Rentenbarwert

Rentenendwert: Dies ist die Summe aller Rentenzahlungen am Ende der Laufzeit mit allen angefallenen Zinsen.
Man kann sich dies durch ein Kontenmodell überlegen. Wenn ein Sparer einen festen Betrag auf ein Konto einzahlt und jedes Jahr Zinsen gutgeschrieben bekommt, dann ist die Summe aller Einzahlungen und aller Zinsen mit Zinseszinsen der Rentenendwert.

Rentenbarwert: Dies ist die Summe aller Rentenzahlungen zu Beginn der Laufzeit unter Berücksichtigung von Zinseffekten. Oder vom Wortbegriff wird die Frage beantwortet: „Was ist die gesamte Rentenzahlung heute in Bargeld wert?"
Im Kontenmodell: Der Rentenbarwert ist der Betrag, der auf einem Konto vorhanden sein muß, um die Rente für die gesamte Laufzeit auszahlen zu können.

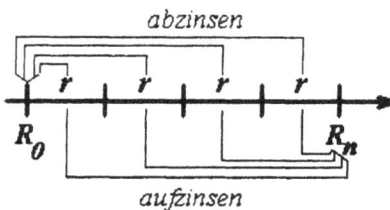

---

[34] Aber auf keinen Fall die gesetzliche Rente. Daran denkt man bei diesem Thema typischerweise zuerst. Die gesetzliche Rente wird nach vollkommen anderen Maßstäben berechnet.
[35] Diese Aussage gilt für den häufigsten Kreditfall: Das Annuitätendarlehen.

In Kurzform: Die Rentenzahlungen zurück gerechnet auf den Zeitpunkt Null (heute) ergibt den Rentenbarwert. Die Rentenzahlungen vorwärts gerechnet auf das Ende der Laufzeit ergibt den Rentenendwert.

Unterschieden werden muß noch die nachschüssige und die vorschüssige Rentenberechnung. Hierbei geht es lediglich um den Zeitpunkt der Rentenzahlung. Vorschüssig bedeutet, die Rente wird im voraus gezahlt (zu Beginn des Jahres, wenn man an Kalenderjahre denkt: am 1. 1. für das Jahr). Nachschüssig heißt dann, die Rente wird nachträglich gezahlt (Ende des Jahres, am 31. 12. für das abgelaufene Jahr).

13.1 Nachschüssige Berechnung

Rentenendwertberechnung

$$R_n = r \cdot \frac{q^n - 1}{i}$$

Beispiel:
Einzahlung eines Sparbetrags von 1.000 € pro Jahr auf ein Konto. Das Konto wird mit 5% verzinst.
Wieviel Geld steht nach 4 Jahren zur Verfügung?

Lösung:

$$R_n = R_4 = 1.000 \cdot \frac{1,05^4 - 1}{0,05} = 4.310,13$$

Damit wird die mühsame Berechnung von allen Einzelwerten umgangen.
Wenn man sich den Vorgang im Kontenmodell anschaut:
Kontostand des Sparers

nach 1 Jahr	*1.000*	(Einzahlung erfolgt nachschüssig!)
nach 2 Jahren	*1.000 · 1,05 + 1.000 = 2.050*	(5% Zinsen plus eine Zahlung)
nach 3 Jahren	*2.050 · 1,05 + 1.000 = 3.152,50*	
nach 4 Jahren	*3.152,50 · 1,05 + 1.000 = 4.310,13*	

Herleitung der Formel
An dem Beispiel kann man die Formel insgesamt herleiten.

nach 1 Jahr	r
nach 2 Jahren	$r \cdot q + r$
nach 3 Jahren	$(r \cdot q + r) \cdot q + r$
nach 4 Jahren	$((r \cdot q + r) \cdot q + r) \cdot q + r$
usw.	

Oder, wenn man ausmultipliziert (hier für das 4. Jahr):
$$r \cdot q^3 + r \cdot q^2 + r \cdot q + r$$
Die erste Zahlung wird 3 mal verzinst, die zweite 2 mal, die dritte 1 mal und die vierte nicht (da die Einzahlung erst am Jahresende erfolgt und nach 4 Jahren der Sparplan ausläuft).
Für eine beliebige Laufzeit n gilt dann:

$$r \cdot q^{n-1} + r \cdot q^{n-2} + \ldots + r \cdot q^2 + r \cdot q + r$$

Da die erste Zahlung erst am Jahresende erfolgt, wird diese um ein Jahr weniger verzinst, als die Laufzeit n, die zweite Zahlung dann um zwei Jahre weniger als n usw.

Mit dem Summenzeichen:

$$\sum_{t=1}^{n} r \cdot q^{n-t}$$

Mit t wird hier der Ablauf der Jahre gezählt. Bei $t = n$, ist $n - t = 0$ und damit $q^0 = 1$, somit bleibt die letzte Zahlung unverzinst.

Ein fester Faktor kann vor das Summenzeichen gezogen werden (r hängt nicht von t ab).

$$r \cdot \sum_{t=1}^{n} q^{n-t}$$

Die durch das Summenzeichen erzeugte Kette kann man darstellen durch:

$$\frac{q^n - 1}{q - 1}$$

Rechnet man den Bruch aus:

$$(q^n - 1) \div (q - 1) = q^{n-1} + q^{n-2} + \ldots + q^1 + q^0$$
$$\underline{-\left(q^n - q^{n-1}\right)}$$
$$= q^{n-1} - 1$$
$$\underline{-\left(q^{n-1} - q^{n-2}\right)}$$
$$= q^{n-2} - 1$$
$$\vdots$$
$$= q^2 - 1$$
$$\underline{-\left(q^2 - q^1\right)}$$
$$= q - 1$$
$$\underline{-\left(q^1 - q^0\right)}$$
$$= 0$$

Damit haben wir

$$R_n = \sum_{t=1}^{n} r \cdot q^{n-t} = r \cdot \sum_{t=1}^{n} q^{n-t} = r \cdot \frac{q^n - 1}{q - 1} = r \cdot \frac{q^n - 1}{i} \ \text{(denn } q - 1 = i)\ [36]$$

Den Vorteil der Formel sieht man besonders deutlich, wenn man es mit sehr langen Laufzeiten zu tun hat.

Beispiel:
Ein Berufsanfänger zahlt 30 Jahre lang 1.000 € pro Jahr auf ein Konto ein. Die Verzinsung beträgt 4%. Wieviel Geld steht ihm nach Ablauf des Sparplans zur Verfügung?

---

[36] Diese Herleitung ist nur gedacht als Verdeutlichung der Formel. Wichtiger ist in der Wirtschaftswissenschaft die Anwendung.

Lösung:

$$R_n = R_{30} = 1.000 \cdot \frac{1,04^{30} - 1}{0,04} = 56.084,94$$

Rentenbarwertberechnung

Wert aller Rentenzahlungen zum Zeitpunkt Null, also heute. Dazu muß man lediglich alle Zinsen aus dem Rentenendwert herausrechnen. Das wäre einfach eine Abzinsung.

$$R_0 = \frac{R_n}{q^n}$$

Setzt man für R_n wieder die Formel ein, kann man R_0 direkt aus r berechnen:

$$R_0 = \frac{r \cdot \frac{q^n - 1}{i}}{q^n} = r \cdot \frac{q^n - 1}{q^n \cdot i}$$

Beispiel:
Der Arbeitnehmer Kuno Kecht (KK) geht drei Jahre vor Erreichen des Rentenalters in den Ruhestand. Für diesen Zeitraum möchte er sich selbst eine Rente von 20.000 € pro Jahr zahlen.
Wieviel Geld braucht er, bei einer Verzinsung von 4% pro Jahr?

Lösung:

$$R_0 = r \cdot \frac{q^n - 1}{q^n \cdot i} = 20.000 \cdot \frac{1,04^3 - 1}{1,04^3 \cdot 0,04} = 55.501,82$$

Rechnen wir das noch einmal mit dem Kontenmodell nach:
Zu Beginn der 3 Jahre zahlt KK den errechneten Betrag auf ein Konto ein. Dieser Betrag müßte genau für 3 Abhebungen von 20.000 reichen:
1. Jahr: $55.501,82 \cdot 1,04 = 57.721,89 - 20.000 = 37.721,89$
2. Jahr: $37.721,89 \cdot 1,04 = 39.230,77 - 20.000 = 19.230,77$
3. Jahr: $19.230,77 \cdot 1,04 = 20.000 \quad - 20.000 = 0$

Die Berechnungen sind an sich nicht schwierig, man muß sich lediglich klar machen, ob der Barwert oder der Endwert gesucht ist.

Aufgabe 1

1.) $r = 5.000,\ i = 7\%,\ n = 10,\ R_0 = ?,\ R_0 = ?$

2.) $r = 8.000,\ i = 12\%,\ n = 12,\ R_0 = ?,\ R_0 = ?$

3.) Eine private Rentenversicherung zahlt 10.000 € pro Jahr für 10 Jahre.
   Der Kunde überlegt, ob er auf die Rentenzahlungen verzichtet und statt dessen lieber eine

einmalige Abfindung nimmt.[37]
Welche Kapitalabfindung bietet die Versicherung einem Anleger, bei einem Zinssatz von
5%?

Rentenhöhe

Zur Berechnung der Rentenhöhe ist nur eine einfache Formelumstellung notwendig.

$$R_n = r \cdot \frac{q^n - 1}{i} \qquad\qquad R_0 = r \cdot \frac{q^n - 1}{q^n \cdot i}$$

Durch Multiplikation mit dem Kehrwert des jeweiligen Bruchs ergibt sich die Lösung.

$$R_n = r \cdot \frac{q^n - 1}{i} \,\bigg|\, \frac{i}{q^n - 1} \qquad\qquad R_0 = r \cdot \frac{q^n - 1}{q^n \cdot i} \,\bigg|\, \frac{q^n \cdot i}{q^n - 1}$$

$$r = R_n \frac{i}{q^n - 1} \qquad\qquad r = R_0 \cdot \frac{q^n \cdot i}{q^n - 1}$$

Das Problem besteht wieder nur darin, zu erkennen, ob der Rentenendwert oder der Rentenbarwert vorgegeben ist.

Beispiel:
Ein Anleger möchte 50.000 Euro in 10 Jahren bei 5% Verzinsung ansparen.
Wieviel muß er jährlich einzahlen, um das Ziel zu erreichen?

Lösung:
$R_n = 50.000$

$$r = R_n \frac{i}{q^n - 1} = 50.000 \frac{0{,}05}{1{,}05^{10} - 1} = 3.975{,}23$$

Also: Es sind 3.975,23 € pro Jahr einzuzahlen.

Wer Probleme damit hat, zu erkennen, ob der Rentenendwert oder der Rentenbarwert vorgegeben ist, kann einen Zeitstrahl als Lösungskitze verwenden.

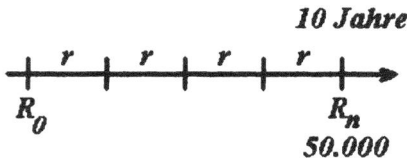

Beispiel:
Ein Schüler erbt 40.000 € und möchte damit ein 5-jähriges Studium finanzieren. Wieviel Geld
steht ihm zur Verfügung, bei 6% Verzinsung?

---

[37] Dies ist bei privaten Rentenversicherungen möglich. Man bezeichnet es als das Ausüben des Kapitalwahl-
rechts.

Lösung:
$R_0 = 40.000$

$$r = R_0 \cdot \frac{q^n \cdot i}{q^n - 1} = 40.000 \frac{1,06^5 \cdot 0,06}{1,06^5 - 1} = 9.495,86$$

Der Schüler hat die 40.000 € heute und möchte sie für die Zukunft (Finanzierung des Studiums) aufteilen.

Kombinierte Anwendung

Das Wissen läßt sich jetzt kombinieren, um individuelle Problemfälle zu lösen.
Ein typischer Fall ist das Ansparen von Geld, um dann in der Zukunft daraus eine Rente zu erhalten.
Mit dem Einzahlen wird der Sparer zunächst zum Rentenzahler (z. B.: Einzahlung in einen Rentenversicherungsvertrag bei einer Privatversicherung) und dann zum Rentenempfänger (jetzt zahlt die Versicherung an den Sparer).

Beispiel:
Der 40-jährige Kuno Knecht (KK) zahlt 4.000 € pro Jahr in einen Versicherungsvertrag ein. Er möchte mit 65 Jahren eine Rente für 15 Jahre erhalten. Wie hoch ist diese Rente, wenn man einheitlich 6% Verzinsung unterstellt?

Lösung:
Erste Berechnung: Die Sparphase: Wieviel Geld wird in 25 Jahren (65 – 40) angespart?

$$R_{25} = 4.000 \cdot \frac{1,06^{25} - 1}{0,06} = 219.458,05$$

219.458,05 € hat KK nach der Sparphase zusammen. Dies Geld ist der Ausgangsbetrag für die Berechnung der Rente, die er dann erhält.
Zweite Berechnung: Die Auszahlungsphase: Wieviel Rente erhält KK für 15 Jahre?

$$r = R_0 \cdot \frac{q^n \cdot i}{q^n - 1} = 219.458,05 \frac{1,06^{15} \cdot 0,06}{1,06^{15} - 1} = 22.596,01$$

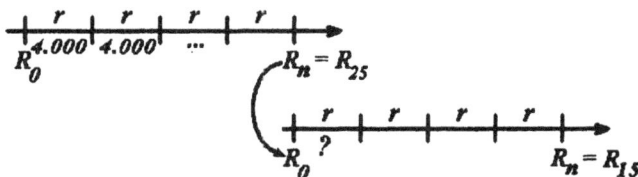

Aufgabe 2

1.) $i = 6\%$, $n = 12$, $R_0 = 115.000$, $r = ?$

2.) $i = 7\%$, $R_{20} = 120.000$, $r = ?$

3.) Richard Räucher (RR) raucht jeden Tag eine Schachtel Zigaretten. Eine Schachtel kostet 3 Euro. Wenn RR mit dem Rauchen aufhörte und statt dessen den gesparten Geldbetrag jedes Jahr auf ein Konto einzahlte, wieviel Geld stünde ihm nach 40 Jahren zur Verfügung, wenn man 5% Verzinsung unterstellt?

4.) Eine private Rentenversicherung wird mit 5% kalkuliert. Welche lebenslange Rente bietet das Versicherungsunternehmen einem Kunden, der einmalig 150.000 € einzahlt, wenn die Lebenserwartung des Kunden nach der Sterbetabelle[38] 15 Jahre beträgt?

5.) Durch Kürzung in der gesetzlichen Rentenversicherung werden dem Arbeitnehmer Willi Werkel (WW) 2.400 € pro Jahr fehlen. WW möchte heute (20 Jahre bevor er in den Ruhestand geht) pro Jahr einen Betrag sparen, um die fehlenden 2.400 € für 15 Jahre auszugleichen.
Welchen Betrag muß WW jährlich sparen bei einheitlich 5% Zinsen?

6.) Susi Sparsam (SS) spart jedes Jahr 1.500 € bei 4,5% Verzinsung über 25 Jahre. Gitta Gleich (GG) möchte in 25 Jahren genausoviel Geld besitzen wie SS. Welchen einmaligen Betrag muß sie dafür heute anlegen, bei 5,5% Verzinsung?

7.) Kuno Künstler (KK) spart jedes Jahr 7.000 € über 10 Jahre. Den Endbetrag läßt er 3 Jahre verzinsen. Dann möchte er sich für 8 Jahre eine Rente zahlen lassen. Wie hoch ist diese Rente, bei einer einheitlichen Verzinsung von 6%?

8.) Peter Pleite (PP) nimmt einen Konsumentenkredit über 12.000 € auf. Die Rückzahlung soll in gleichbleibenden Jahresraten erfolgen. Der Kredit hat eine Laufzeit von 5 Jahren und ist mit 8% zu verzinsen. Wie hoch sind die jährlichen Raten des PP?

9.) Bodo Baulich (BB) baut ein Einfamilienhaus und nimmt dafür eine Hypothek auf: 80.000 €. BB zahlt die Hypothek in 20 Jahren bei 5% Verzinsung in gleichbleibenden jährlichen Raten zurück. Wie hoch sind diese Raten?

Laufzeit

Die Laufzeit (n) läßt sich auch aus R_n und R_0 berechnen:

Aus R_n:

$$R_n = r \cdot \frac{q^n - 1}{i} \Big| \div r, \ \cdot i$$

$$\frac{R_n \cdot r}{i} = q^n - 1 \Big| + 1$$

$$q^n = \frac{R_n \cdot r}{i} + 1 \Big| lg \ ^{39}$$

---

[38] Tatsächlich kalkulieren Versicherungsunternehmen mit sogenannten Sterbetabellen. Diese geben an, wie lange ein Versicherter (statistisch gesehen) noch zu leben hat.
[39] Wie im Kapitel über Logarithmen erläutert, ist es unerheblich, welchen Logarithmus man hier für die Umrechnung einsetzt, da sich die Logarithmen ineinander überführen lassen.

$$lg\, q^n = lg\left(\frac{R_n \cdot r}{i} + 1\right)$$

$$n \cdot lg\, q = lg\left(\frac{R_n \cdot r}{i} + 1\right) \div lg\, q$$

$$n = \frac{lg\left(\frac{R_n}{r} \cdot i + 1\right)}{lg\, q}$$

Aus R_0 (analog):

$$R_0 = r \cdot \frac{q^n - 1}{q^n \cdot i} \Big| \div r, \cdot i$$

$$\frac{R_0 \cdot i}{r} = \frac{q^n - 1}{q^n}$$

$$\frac{R_0 \cdot i}{r} = 1 - \frac{1}{q^n} \Big| - 1$$

$$\frac{R_0 \cdot i}{r} - 1 = -\frac{1}{q^n} \Big| \cdot (-1)$$

$$1 - \frac{R_0 \cdot i}{r} = \frac{1}{q^n} \Big| (\ )^{-1}$$

$$\frac{1}{1 - \frac{R_0 \cdot i}{r}} = q^n \Big| lg$$

$$lg\, q^n = lg\left(\frac{1}{1 - \frac{R_0 \cdot i}{r}} \cdot \frac{r}{r}\right)$$

Um die Brüche etwas überschaubarer zu gestalten, multipliziert man mit r geteilt durch r, was der Multiplikation mit 1 entspricht und keine Änderung darstellt.

$$n \cdot lg\, q = lg\left(\frac{r}{r - R_0 \cdot i}\right)$$

$$n = \frac{lg\left(\frac{r}{r - R_0 \cdot i}\right)}{lg\, q}$$

Auch hier ist bei der Anwendung zuerst zu berücksichtigen, ob R_n oder R_0 vorgeben wurde.

Beispiel:
Wie lange müssen 1.000 € pro Jahr eingezahlt werden, um bei 5% Verzinsung 10.000 € zu erhalten?

Lösung:
R_n = 10.000 (da die 10.000 € ein Ziel darstellen, das man erreichen möchte)

$$n = \frac{lg\left(\dfrac{R_n}{r} \cdot i + 1\right)}{lg\,q} = \frac{lg\left(\dfrac{10.000}{1.000} \cdot 0{,}05 + 1\right)}{lg\,1{,}05} = 8{,}31$$

Nach 8,31 Jahren ist das Ziel erreicht.

Beispiel:
Aus 20.000 € soll eine Rente von 3.000 € gezahlt werden. Die Verzinsung beträgt 6%. Wie lange reicht das Geld?

Lösung:
R_0 = 20.000 (die 20.000 € sind jetzt schon vorhanden)

$$n = \frac{lg\left(\dfrac{r}{r - R_0 \cdot i}\right)}{lg\,q} = \frac{lg\left(\dfrac{3.000}{3.000 - 20.000 \cdot 0{,}06}\right)}{lg\,1{,}06} = 8{,}77$$

Nach 8,77 Jahren ist das Geld verbraucht.

Aufgabe 3

Berechnen Sie jeweils die Laufzeit n.

1.) $R_0 = 130.000$, $r = 7.500$, $i = 4\%$
2.) $R_n = 58.000$, $r = 6.000$, $i = 3\%$
3.) $R_0 = 80.000$, $r = 3.500$, $i = 5\%$

13.2 Vorschüssige Berechnung

Die Berechnungen, die bisher durchgeführt wurden, haben nachschüssige Rentenzahlung unterstellt, also die Zahlung der Rente am Jahresende.
Alle Berechnungen lassen sich jetzt auch für den vorschüssigen Fall (Zahlung zu Jahresbeginn) durchführen.
In der Theorie muß die Berechnungsform vorgegeben werden, da sich sämtliche Aufgaben sowohl nachschüssig, als auch vorschüssig berechnen lassen. Es lassen sich selbstverständlich auch beide Wege kombinieren.
In der Praxis muß man den jeweils sinnvollsten Weg wählen. Wenn man einen Sparplan berechnet, ist es in der Regel sinnvoll von nachschüssigem Sparen auszugehen. Normalerweise spart man von einem Einkommen, das man erst einmal verdienen muß.[40]

---

[40] Bei Banksparplänen und bei Privatversicherungen wird dennoch meist der vorschüssige Fall angewendet. Bei nachschüssiger Berechnung müßte man die letzte Zahlung genau zum Ende der Laufzeit leisten. Aber an diesem Tag bekäme man auch den Gesamtbetrag ausbezahlt. Dieses gleichzeitige Einzahlen und wieder Auszahlen stieße bei Kunden natürlich auf Unverständnis.

Ebenso verhält es sich bei Krediten. Man bekommt den Kreditbetrag ausbezahlt und zahlt diesen in Raten (Renten) wieder zurück. Hier wäre es wenig sinnvoll, die vorschüssige Berechnung abzuwenden, da bei Kreditauszahlung gleich die erste Rate fällig wird. Da könnte man gleich einen kleineren Kreditbetrag wählen.

Bei Renten, die man zur Versorgung nutzt, ist die vorschüssige Berechnung angebracht, da aus dem Geldbetrag der Lebensunterhalt bestritten werden muß. Es gäbe da wenig Sinn, die Rente erst nachträglich zu erhalten.

Da die gesamte Berechnung vollkommen analog erfolgt, brauchen nur die Formeln entsprechend angepaßt zu werden.

Rentenendwertberechnung

$$R_n = r \cdot q \cdot \frac{q^n - 1}{i} = r \cdot \frac{q \cdot (q^n - 1)}{i}$$

Bei der vorschüssigen Berechnung wird die Rente zu Beginn des Jahres gezahlt. Damit werden alle Renten genau ein Jahr zusätzlich verzinst. Der Unterschied zu R_n bei nachschüssiger Berechnung ergibt sich aus der Multiplikation mit q.

Rentenbarwertberechnung

Die Rentenbarwertberechnung ergibt sich wieder aus der Abzinsung des Rentenendwerts.

$$R_0 = \frac{R_n}{q^n}$$

$$R_0 = \frac{r \cdot \dfrac{q(q^n - 1)}{i}}{q^n} = r \cdot \frac{q(q^n - 1)}{q^n \cdot i} = r \cdot \frac{q(q^n - 1)}{q \cdot q^{n-1} \cdot i} = r \cdot \frac{q^n - 1}{q^{n-1} \cdot i}$$

Oder: R_0 bei nachschüssiger Berechnung einmal mit q verzinst ergibt auch wieder R_0 bei vorschüssiger Berechnung. Das q läßt sich mit q^n aus dem Nenner wegkürzen.

Rentenhöhe

Zur Berechnung der Rentenhöhe ist wieder nur eine einfache Formelumstellung durch Multiplikation mit dem Kehrwert notwendig:
Durch Multiplikation mit dem Kehrwert des jeweiligen Bruchs ergibt sich die Lösung.

$$R_n = r \cdot \frac{q \cdot (q^n - 1)}{i} \Big| \cdot \frac{i}{q \cdot (q^n - 1)} \qquad R_0 = r \cdot \frac{q^n - 1}{q^{n-1} \cdot i} \Big| \cdot \frac{q^{n-1} \cdot i}{q^n - 1}$$

$$r = R_n \cdot \frac{i}{q \cdot (q^n - 1)} \qquad\qquad r = R_0 \cdot \frac{q^{n-1} \cdot i}{q^n - 1}$$

Oder: Ausgehend von den Rentenformeln bei nachschüssiger Berechnung: Es ist einmal zusätzlich durch q zu teilen (ein Jahr zusätzlich abzuzinsen).

Laufzeit

Auch diese Berechnung erfolgt wieder analog zu der schon dargestellten Lösung:

$$n = \frac{lg\left(\dfrac{R_n}{q \cdot r} \cdot i + 1\right)}{lg\, q} \qquad\qquad n = \frac{lg\left(\dfrac{r \cdot q}{r \cdot q - R_0 \cdot i}\right)}{lg\, q}$$

Kombinierte Anwendung von vor- und nachschüssiger Berechnung

Beispiel:
Ein Anleger zahlt 6.000 € jährlich nachschüssig in einen Sparplan über 10 Jahre ein.
Den angesparten Betrag läßt er 20 Jahre verzinsen.
Welche vorschüssige Rente erhält er für 15 Jahre?
Einheitlicher Zinssatz: 5,5%

Lösung:
Man zerlegt die Gesamtaufgabe wieder in einzelne Teilschritte:
Einzahlung:

$$R_{10} = 6.000 \cdot \frac{1{,}055^{10} - 1}{0{,}055} = 77.252{,}12$$

Dieser Betrag stellt die Grundlage für die Verzinsung für die nächsten 20 Jahre dar:

$$K_{20} = 77.252{,}12 \cdot 1{,}055^{20} = 225.402{,}96$$

Diese Geldsumme ist Grundlage für die Rentenberechnung. Sie stellt R_0 dar, da der Betrag zu Beginn der 15 Jahre für die Rentenzahlung zur Verfügung steht.

$$r = 225.402{,}96 \cdot \frac{1{,}055^{14} \cdot 0{,}055}{1{,}055^{15} - 1} = 21.285{,}22$$

Aufgabe 4

1.) Bei Geburt eines Kindes wird ein Sparplan beschlossen. Jedes Jahr werden 2.500 € nachschüssig bis zur Vollendung des 18. Lebensjahres eingezahlt.
Das Geld wird 2 Jahre verzinst.
Der Endbetrag wird in eine 5 Jahre dauernde vorschüssige Rente umgewandelt.[41]
Der Zinssatz beträgt einheitlich 6%.
Wie hoch ist die Rente?

2.) Erwin Erblich (EE) erbt 30.000 €. Er legt das Geld zu 6% an. Gleichzeitig spart er 1.500 € pro Jahr nachschüssig über 10 Jahre (6% Verzinsung).
Den Gesamtbetrag läßt er sich über 20 Jahre als vorschüssige Rente bei 5% Verzinsung auszahlen.
Wie hoch ist diese Rente?

---

[41] So könnte zum Beispiel eine sogenannte Ausbildungsversicherung ablaufen. Im Prinzip nichts anderes als eine Mischung von Kapitallebensversicherung und Rentenversicherung.

3.) Sonja Sparsam (SS) spart jedes Jahr 2.000 € nachschüssig über 30 Jahre. Welche Rente kann sie sich dann für 10 Jahre vorschüssig auszahlen lassen, wenn sie 6% Zinsen erhält.

4.) Richard Reich (RR) möchte bei der Geburt seines Enkels einmalig soviel Geld anlegen, daß dem Enkel daraus ab dessen 18. Geburtstag eine vorschüssige Rente von 20.000 € pro Jahr über 60 Jahre gezahlt werden kann.
Wieviel Geld muß angelegt werden, um bei 5% Zinsen dieses Ziel zu erreichen?

5.) Gustav Grübel (GG) (36 Jahre alt) schließt einen Versicherungsvertrag ab, in den er 12 Jahre 6.000 € pro Jahr nachschüssig einzahlt.
Daraus erhält er eine vorschüssige lebenslange Rente (die Versicherung rechnet mit einer durchschnittlichen Lebensdauer von 80 Jahren).
Nach Ablauf des Vertrags (also wenn GG 48 Jahre alt ist) möchte er die Rente, die ihm zusteht, wieder 12 Jahre einzahlen, um noch eine lebenslange (vorschüssige) Rente zu erhalten.
Wieviel Rente erhält GG pro Jahr insgesamt ab seinem 60. Geburtstag?
(Einheitlicher Zinssatz: 5%)

13.3 Umrechnung in Monatswerte

Wenn man mit monatlichen Renten rechnen möchte, kann man die Aussagen aus dem Kapitel Zinsberechnung (unterjährige Verzinsung) einsetzen. Der Jahreszins (i) ist wieder in einen Monatszins (j) umzurechnen und entsprechend die Jahreslaufzeit (n) in eine Monatslaufzeit (N).
Rechnet man so die nachschüssigen Formeln um, erhält man entsprechend nachschüssige Monatsformeln, daß heißt die Rente wird zum Ende eines Monats gezahlt. Entsprechend werden aus vorschüssigen Jahresformeln vorschüssige Monatsformeln.
Üblicherweise reicht die Berechnung in Jahreswerten, deshalb soll dieser Teil nur kurz dargestellt werden.

Beispiel:
Ein Anleger spart 200 € monatlich nachschüssig für 15 Jahre. Danach erhält er eine vorschüssige Rente für 20 Jahre. Einheitlicher Zinssatz: 5% pro Jahr.
Wie hoch ist die Monatsrente, die er erhält?

Lösung:
Sparphase:

Die Jahresformel (nachschüssig) lautete: $R_n = r \cdot \dfrac{q^n - 1}{i}$

Zinsfaktor $q = 1,05$ (pro Jahr)
$m = 12$ (12 Monate pro Jahr), $N = m \cdot n = 12 * 15 = 180$ (Laufzeit in Monaten).
Für den konformen Zinssatz galt: $i^* = (1 + j)^m - 1$.
Da der Jahreszins (i) vorgegeben ist, ist der Monatszins (j) zu berechnen mit:

$i = (1 + j)^{12} - 1$

$1 + i = (1 + j)^{12} \big| \sqrt[12]{}$

$\sqrt[12]{1 + i} = 1 + j \big| -1$

$j = \sqrt[12]{1+i} - 1$

Für unseren Wert: $i = 0,05$ ergibt sich dann:

$j = \sqrt[12]{1,05} - 1 = 0,0040741$

Nennen wir den Zinsfaktor für monatliche Berechnung p, dann gilt:

$p = 1 + j = 1 + ,0040741 = 1,0040741$

Ersetzen wir in der Jahresformel n durch N, q durch p und i durch j, dann haben wir die Monatsformel:

$$R_N = r \cdot \frac{p^N - 1}{j}$$

$$R_{180} = 200 \cdot \frac{1,0040741^{180} - 1}{0,0040741} = 52.964,92$$

Phase der Rentenzahlung:

Das angesparte Geld ist in eine Monatsrente (vorschüssig) für 20 Jahre umzurechnen. Da der Betrag zu Beginn der Rentenzahlung vorhanden ist, handelt es sich um R_0.

Die Jahresformel (vorschüssig) lautete:

$$r = R_0 \cdot \frac{q^{n-1} \cdot i}{q^n - 1}$$

Laufzeit der Rente in Monaten: $N = m \cdot n = 12 \cdot 20 = 240$.

Dann können wir die Formel wieder umschreiben:

$$r = R_0 \cdot \frac{q^{n-1} \cdot i}{q^n - 1}$$

$$r = R_0 \cdot \frac{p^{N-12} \cdot j}{p^N - 1} = 52.964,92 \cdot \frac{1,0040741^{228} \cdot 0,0040741}{1,0040741^{240} - 1} = 329,81$$

Beim Umschreiben der Formel muß man darauf achten, daß aus q^{n-1} p^{N-12} wird. n war die Laufzeit in Jahren. Wenn man die Laufzeit in Monate umrechnet (N) muß man gleichfalls 1 Jahr abziehen (also 12 Monate).

Oder: $(n - 1) \cdot 12 = (20 - 1) \cdot 12 = 228$.

Aufgabe 5

1.) Klara Kleinlich (KK) möchte monatlich 20 € nachschüssig sparen. Wieviel Geld hat sie nach 4,5 Jahren zusammen, wenn sie 4% p. a. Zinsen erhält?

2.) Fritz Frei (FF) ist Freiberufler und möchte selbst für seine Alterssicherung sorgen.
FF möchte in 25 Jahren in den Ruhestand gehen und eine vorschüssige Rente von 2.500 € pro Monat erhalten. Diese Rente soll eine Laufzeit von 20 Jahren haben.
Um dieses Ziel zu erreichen, möchte FF jeden Monat einen gleichbleibenden Betrag von seinem Einkommen nachschüssig sparen.

Wieviel muß FF pro Monat ansparen, um sein Ziel zu erreichen, wenn er einheitlich von 4,5% Verzinsung ausgeht?

13.4 Wozu benötigt man die Rentenberechnung?

Mathematische Rentenberechnung kann, wie gezeigt, auf sehr viele verschiedene Gebiete übertragen werden. Sparpläne, private Rentenversicherungen sowie Kreditzahlungen, wenn es sich um sogenannte Annuitätendarlehen handelt (Rückzahlung in gleichbleibenden Raten).

Alle Probleme, bei denen Einmalzahlungen in gleichbleibende Beträge umgerechnet werden und umgekehrt lassen sich damit lösen.
Wer hier praktische Anwendungsbeispiele sucht, kann die eigene Altersicherung planen und durchrechnen.
Hier tritt immer eine Doppelrechnung auf: Einzahlung von Sparbeträgen um einen bestimmten Betrag zu erreichen, der dann in eine Rente umgerechnet wird.
Bei der Lebenserwartung rechnet man statistisch zur Zeit mit ungefähr 80 Jahren.

14 Integralrechnung

Integralrechnung stellt die Umkehrfunktion zur Differentialrechnung dar. Hiermit möchte man die Fläche unter einer Funktion bestimmen.

Die Grundüberlegung dazu war folgende: Man bildet die Fläche durch Rechtecke ab, da die Fläche von Rechtecken sehr einfach zu berechnen ist. Das Problem ist auch hier zunächst die Ungenauigkeit, die eintritt. Die Rechtecke bilden entweder eine zu große Fläche (Bilden der Obersumme) oder eine zu kleine Fläche (Bilden der Untersumme) ab.

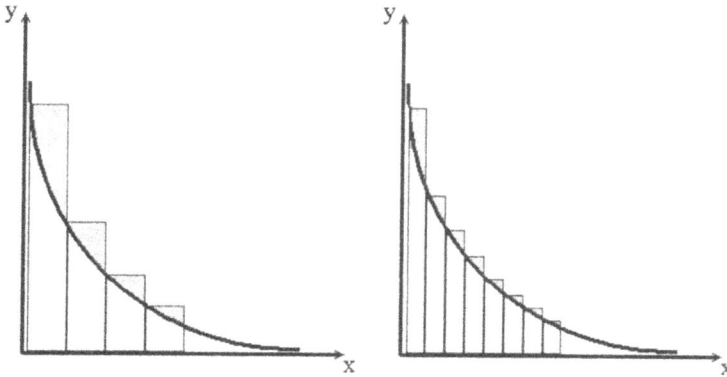

Bilden der Obersumme: Die Rechtecke werden über die Funktion hinaus eingezeichnet. Dadurch ist die Fläche der Rechtecke größer als die Fläche unter dem Graphen.

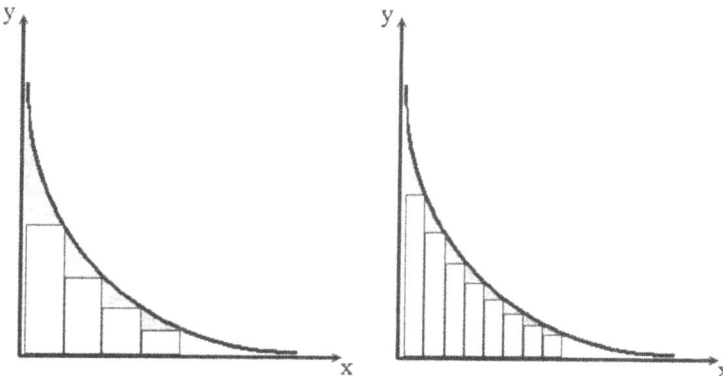

Bilden der Untersumme: Die Rechtecke werden unter der Funktion eingezeichnet. Dadurch ist die Fläche der Rechtecke kleiner als die Fläche unter dem Graphen.

Aus den Zeichnungen kann man erkennen, daß die Fehler, die man bei der Berechnung begeht (hinterlegter Teil), kleiner werden, wenn man mehr Rechtecke einzeichnet, also Rechtecke verwendet, die sehr schmal sind.

Erweitert man die Anzahl der Rechtecke immer weiter, bis die Anzahl gegen unendlich läuft, dann laufen die Fehler bei der Berechnung gegen Null, bzw. werden die Rechtecke (aufgrund ihrer Anzahl) immer schmaler, dann läuft ihre Breite gegen Null (mathematisch: die Rechtecke werden *infinitesimal* schmal). Damit verschwindet auch der Unterschied zwischen der Summe der Rechteckflächen und der tatsächlichen Fläche unter der Funktion.

Mathematisch erreicht man die Lösung durch das Integrieren, also das Bilden der Stammfunktion zu einer Ausgangsfunktion. Da die Integralrechnung die Umkehrung zur Differentialrechnung darstellt, muß die Stammfunktion so gebildet werden, daß deren Ableitung wieder zur Ausgangsfunktion zurück führt.

Dies bezeichnet man als **Hauptsatz der Differential- und Integralrechnung**:

$$F'(x) = f(x) \text{ oder } \frac{dF(x)}{dx} = f(x)$$

Wenn wir die betrachte Funktion zunächst wieder mit *f(x)* bezeichnen, dann muß die Stammfunktion (*F(x)*) so beschaffen sein, daß ihre Ableitung wieder zu *f(x)* führt.

Beispiel:

$$f(x) = x^2 \text{, damit gilt } F(x) = \frac{1}{3}x^3 \text{, denn } F'(x) = 3\frac{1}{3}x^2 = x^2$$

F(x) ist so zu bilden, daß die Ableitung wieder zu *f(x)* führt: Bei der Ableitung wird der Exponent zum Faktor, der neue Exponent ist um *1* kleiner. Damit das zur Ausgangsfunktion zurückführt, muß beim Bilden der Stammfunktion also umgekehrt der Exponent um *1* größer gewählt werden. Da dieser größere Exponent zum zusätzlichen Faktor würde, muß man dies aufheben, indem man durch diesen Exponenten teilt.

Allgemein:

$$f(x) = ax^n \text{, dann ist } F(x) = \frac{1}{n+1} \cdot a \cdot x^{n+1} \text{, mit } a = \text{beliebiger Faktor.}$$

Beispiele:

$$f(x) = 3x^2 \Rightarrow F(x) = \frac{1}{3}3x^3 = x^3$$

$$f(x) = 12x^4 \Rightarrow F(x) = \frac{1}{5}12x^5 = \frac{12}{5}x^5$$

$$f(x) = -\frac{1}{3}x^3 \Rightarrow F(x) = \frac{1}{4}\left(-\frac{1}{3}\right)x^4 = -\frac{1}{12}x^4$$

$$f(x) = -2x^{-2} \Rightarrow F(x) = -\frac{1}{1}(-2)x^{-1} = 2x^{-1}$$

Aufgabe 1

Bestimmen Sie jeweils die Stammfunktion *F(x)*.

1.) $f(x) = 7x^3$

2.) $f(x) = \frac{1}{4}x^9$

3.) $f(x) = \frac{1}{6}\sqrt[3]{x}$

4.) $f(x) = 5,6x^{8,5}$

Um auszudrücken, daß die Stammfunktion gebildet werden soll, bedient man sich der umgekehrten Schreibweise, die bei der Differentialrechnung angewendet wird.
$F(x) = \int f(x)dx$
Bei der Differentiation brachte man das Ableiten zum Ausdruck, indem man schrieb: geteilt durch dx. Um die Integration[42] auszudrücken, schreibt man nun: mal dx. Auch damit zeigt sich die Umkehrung der Vorgehensweise. x steht hier wieder stellvertretend für die Variable, nach der integriert werden soll.

14.1 Eigentliches Integral

Mit der Integration möchte man die Fläche unter einer Funktion bestimmen. Dazu benötigt man noch Angaben, über welchen Bereich die Flächenberechnung erfolgen soll. Dies beschreibt man mit dem Integralzeichen und setzt den Startpunkt unten an das Integralzeichen, den Endpunkt oben an das Integralzeichen.

Beispiel:
$$\int_1^5 f(x)dx = \int_1^5 x^2 dx$$
Das bedeutet: Berechne die Fläche unter der Funktion x^2 beginnend bei $x = 1$ bis zu $x = 5$.

Man kann das mit dem Summenzeichen vergleichen. Auch hier stand der Startpunkt, bei dem man mit dem Zählen beginnt, unter dem Summenzeichen und der Endpunkt über dem Summenzeichen. Die Ausdrücke nach dem Summenzeichen wurden addiert.
Das Integralzeichen kann man damit analog übersetzen: Bilde die Summe der schmalen (infinitesimal kleinen) Rechteckflächen von dem Punkt $x = 1$ bis zum Punkt $x = 5$.

Von einem eigentlichen Integral spricht man, wenn die Grenzen (Start- und Endpunkt) endliche Größen darstellen.
Man berechnet die Fläche, indem man die Stammfunktion bildet und dann sowohl die obere, als auch die untere Grenze einsetzt. Das Ergebnis für die untere Grenze wird vom Ergebnis für die obere Grenze abgezogen und bildet die Lösung.

Beispiel:
$$\int_1^5 f(x)dx = \int_1^5 x^2 dx = \left[\frac{1}{3}x^3\right]_1^5 = \frac{1}{3}5^3 - \frac{1}{3}1^3 = \frac{1}{3}125 - \frac{1}{3} = \frac{124}{3} = 41,\overline{3}$$

---

[42] Bitte vermeiden Sie es unbedingt, vor allem in der Nähe von Mathematikern, von einer „Aufleitung" zu sprechen. Diesen Begriff gibt es nicht.

14.2 Uneigentliches Integral

Ein uneigentliches Integral liegt vor, wenn mindestens eine der Grenzen offen ist, also Startpunkt = $-\infty$ oder Endpunkt = $+\infty$ (oder beides).

Man geht bei der Berechnung genauso vor, wie bei der Berechnung eines eigentlichen Integrals. Für die offenen Grenzen führt man eine Grenzwertbetrachtung durch (Limes (lim)). Wenn dieser Grenzwert existiert und selber endlich ist, dann erfolgt die Berechnung analog zur Berechnung eines eigentlichen Integrals.

Beispiel:

$$\int_{3}^{+\infty} e^{-x}\,dx \qquad \text{Hinweis: Die Ableitung von } e^x \text{ ist wieder } e^x: \frac{de^x}{dx} = e^x$$

Lösung:

Bilden der Stammfunktion:

$$F(x) = -e^{-x}$$

Zwar ist die Ableitung von e^x wiederum e^x, aber vorgegeben war e^{-x}. Bei der Ableitung wäre somit die Kettenregel anzuwenden: *Äußere Ableitung · Innere Ableitung.*

Leitet man so $e^{(-x)}$ ab, gilt:

Äußere Ableitung (man ignoriert, was in der Klammer steht; die Ableitung von e^{-x} bleibt unverändert): $e^{(-x)}$

Innere Ableitung (man ignoriert, was außerhalb der Klammern steht; die Ableitung von $-x$ ist zu bilden): -1

Die Ableitung ergibt insgesamt: $-e^{-x}$.

Die Stammfunktion muß in der Ableitung wieder die Ausgangsfunktion ergeben. Da e^{-x} in der Ableitung zu $-e^{-x}$ wird, müssen wir die Ausgangsfunktion mit -1 multiplizieren. Dann hat man mit der Ableitung von $-e^{-x}$: $-(-e^{-x}) = e^{-x}$, also die Ausgangsfunktion.

$$\int_{3}^{+\infty} e^{-x}\,dx = \left[-e^{-x}\right]_{3}^{+\infty} = \lim_{x \to +\infty}(-e^{-x}) - (-e^{-3})$$

Für die Berechnung gilt dann wieder: *Obere Grenze – Untere Grenze.* Da die obere Grenze unendlich ist, wir aber keine Berechnung für unendliche Werte vornehmen können, schreibt man dies durch die Grenzwertbetrachtung: $\lim_{x \to +\infty}(-e^{-x})$, das bedeutet: Welche Werte nimmt die Funktion $-e^{-x}$ an, wenn die Werte für x immer größer werden?

Potenzieren mit negativen Zahlen bedeutet aber den Kehrwert von der Berechnung mit der absoluten Zahl: $-e^{-x} = \dfrac{1}{-e^x}$.

Wenn man die *Eulersche Zahl* e mit einem immer größer werdenden Wert (x) potenziert, werden die Ergebnisse immer größer und laufen schließlich gegen unendlich. Durch das Minuszeichen davor also gegen minus unendlich. Wenn man die 1 durch minus unendlich teilt, erhält man Null.[43]

Führen wir die Berechnung weiter:

$$\lim_{x \to +\infty}(-e^{-x}) - (-e^{-3}) = 0 + e^{-3} = 0{,}04979$$

---

[43] Wenn man mit diesen Überlegungen Schwierigkeiten hat, kann man wieder Zahlen einsetzen. Berechnen Sie $-e^{-x}$ für größer werdende x-Werte. Zum Beispiel für $x = 10$, $x = 100$, $x = 1.000$. Die Ergebnisse werden immer kleiner werden. Spätestens bei $x = 1.000$, also Berechnung: $-e^{-1000}$ wird Ihr Taschenrechner 0 ausweisen.

Aufgabe 2

Berechnen Sie die Fläche unter den folgenden Funktionen für die angegebenen Intervalle.

1.) $f(x) = x^2$ $[-2;3]$

2.) $f(x) = 10x^2$ $[-4;5]$

3.) $f(x) = \sqrt{x}$ $[0;7]$

4.) $f(x) = 2x + 3x^2 + 4x^3$ $[1;10]$

14.3 Wozu benötigt man Integralrechnung?

Die Berechnung von Flächen kann auf eine Vielzahl von Problemen übertragen werden. In der Theorie nutzt man zumindest die Vorstellung von solchen Flächen um Probleme und Modelle zu beschreiben. So lassen sich sowohl Umsatz, als auch Kosten mit Hilfe von Funktionen ausdrücken, die Differenz ergibt den Gewinn (bzw. Verlust). Dies läßt sich zeichnerisch als Fläche darstellen.

Berechnungen von Gewinnen als Flächen sind zwar möglich, normalerweise gibt es aber bessere Wege, so daß dies (wenn überhaupt) sehr selten angewendet wird.

Eine wirklich sinnvolle Anwendung der Integralrechnung in der Ökonomie ist die Berechnung von Wahrscheinlichkeiten in der Statistik.

Hierbei tritt zudem auch ein Problem nicht auf, das bisher ignoriert wurde:

Beim Bilden einer Stammfunktion gibt es nicht nur eine, sondern eine Vielzahl von Lösungen. Da absolute Terme in der Ableitung verschwinden, können sie in einer Stammfunktion verwendet werden, ohne daß die Ableitung von der Stammfunktion zu einem von der Ausgangsfunktion abweichendem Ergebnis führt.

Beispiel:

$f(x) = x^2 \Rightarrow F(x) = \frac{1}{3}x^3$ oder $F(x) = \frac{1}{3}x^3 + c$, mit einem beliebigen Wert für c.

Also auch $F(x) = \frac{1}{3}x^3 + 5$ oder $F(x) = \frac{1}{3}x^3 + \frac{7}{9}$ führt in der Ableitung wieder zu $f(x)$.

Die Ergebnisse dieser Stammfunktionen unterscheiden sich natürlich!

In der Statistik tritt dieses Problem nicht auf, da eine zusätzliche Bedingung gilt:
Die Summe aller Wahrscheinlichkeiten muß 1 sein (nämlich 100%).

Damit ergibt sich eine eindeutige Stammfunktion.

Einen Anwendungsfall stellt die Exponentialverteilung aus der Statistik dar:
$f(x|\lambda) = \lambda \cdot e^{-\lambda x}$ (gesprochen: f von x für gegebenes λ)[44]

Die Funktion wird eingesetzt für Wahrscheinlichkeiten, die Zeitabstände betreffen:

---

[44] Diese λ hat nichts mit der Lagrangefunktion zu tun!

- Zeitabstand zwischen zwei Ereignissen.
  Zum Beispiel: Wie wahrscheinlich ist es, daß innerhalb einer Woche nach einem Verkehrsunfall an der selben Kreuzung wieder ein Verkehrsunfall auftritt?
  Versicherungen rechnen mit solchen Funktion. Damit läßt sich der durchschnittliche Geldbedarf für Schadensregulierungen abschätzen.

- Haltbarkeiten von Verschleißteilen.
  Zum Beispiel: Wie groß ist die Wahrscheinlichkeit, daß eine Glühbirne länger als 1.000 Stunden leuchtet?
  Wenn Sie selber viel Zeit in großen Hörsälen verbringen, dann schauen Sie einmal an die Decke. In der Regel befinden sich dort Leuchtstoffröhren. Um diese austauschen zu können, ist oft ein Gerüst nötig. Es versteht sich von selbst, daß man nicht wegen jeder kaputten Röhre den Aufwand des Gerüstaufbauens betreibt. Hier kann man mit Durchschnittswerten rechnen und ggf. Röhren schon austauschen, die noch funktionieren, weil die neuen Röhren weniger kosten, als der aufwendige Gerüstaufbau.
  Damit lassen sich die Kosten für den Gerüstaufbau minimieren unter der Nebenbedingung, daß die Studierenden nicht im Dunkeln sitzen müssen.

Für die Exponentialverteilung wurde die Stammfunktion bereits ermittelt mit:
$F(x) = 1 - e^{-\lambda x}$ für $x \geq 0$ (denn negative Haltbarkeiten ergeben keinen Sinn).
Einsetzen in diese Funktion ergibt die Summe aller Wahrscheinlichkeiten für die Haltbarkeit von 0 bis zum eingesetzten Wert (x).

Beispiel:

Die Brenndauer einer Glühbirnensorte in Stunden ist exponentialverteilt mit: $\lambda = \dfrac{1}{4.000}$.

Also ist $f(x) = \dfrac{1}{4.000} e^{-\frac{1}{4.000}x}$ mit x = Brenndauer in Stunden.

$$F(x) = 1 - e^{-\lambda x} = 1 - e^{-\frac{1}{4.000}x}$$

Wie groß ist die Wahrscheinlichkeit, daß die Glühbirne höchstens 1.000 Stunden hält?

$$F(x = 1.000) = 1 - e^{-\frac{1}{4.000} \cdot 1.000} = 1 - e^{-\frac{1}{4}} = 0,2212 = 22,12\%$$

Die Summe aller Wahrscheinlichkeit der Haltbarkeit von 0 bis 1.000 ergibt $22,12\%$.

Wie groß ist die Wahrscheinlichkeit, daß die Glühbirne mindestens 3.000 Stunden hält?
Da Einsetzen in die Funktion $F(x)$ die Lösung für 0 bis 3.000 Stunden ergäbe, man aber die Lösung von 3.000 Stunden und mehr haben möchte, rechnet man mit der sogenannten Gegenwahrscheinlichkeit. Da die Summe aller Wahrscheinlichkeiten immer 1 ($= 100\%$) ist, muß 1 abzüglich der Wahrscheinlichkeit für 0 bis 3.000 Stunden die gesuchte Lösung geben.[45]

---

[45] Man rechnet hier nicht mit 3.001. Hier ist $x \geq 3.000$ ausnahmsweise gleichbedeutend mit $x > 3.000$. Denn die Wahrscheinlichkeit, daß die Glühbirne ganz genau 3.000 Stunden (und 0 Minuten und 0 Sekunden und 0 Millisekunden usw.) hält ist selber Null, denn die Gesamtwahrscheinlichkeit 1 wird verteilt auf unendlich viele Einzelwahrscheinlichkeiten (unendlich viele schmale Rechtecke) und das ergibt einen so kleinen Wert, das man diesen mit Null gleichsetzen kann.

$$1 - F(x = 3.000) = 1 - (1 - e^{-\frac{1}{4.000} \cdot 3.000}) = 1 - 1 + e^{-\frac{3}{4}} = e^{-\frac{3}{4}} = 0,4724 = 47,24\%$$

Wie groß ist die Wahrscheinlichkeit, daß die Glühbirne zwischen 1.000 und 3.000 Stunden hält?

Bis 1.000 Stunden und mehr als 3.000 Stunden haben wir bereits errechnet. Genau zwischen diesen beiden Werten liegt die Lösung. Da 1 die Gesamtwahrscheinlichkeit darstellt gilt für die gesuchte Wahrscheinlichkeit 1.000 bis 3.000:

1 – Wahrscheinlichkeit höchstens 1.000 – Wahrscheinlichkeit mindestens 3.000

= 1 – 0,2212 – 0,4727 = 0,3061 = 30,61%

.

ANHANG

Hesse-Matrix

Mit der sogenannten HESSE-Matrix kann man eine Funktion mit mehreren Variablen darauf-
hin prüfen, ob ein Minimum, bzw. ein Maximum vorliegt.[46]

Für eine Funktion mit n Variablen, existieren n partielle erste Ableitungen. Damit konnte man
prüfen, ob ein Extremwert vorliegt (alle ersten Ableitungen wurden Null gesetzt).
Die hinreichende Bedingung, also die Frage nach der Art des Extremwerts (Minimum oder
Maximum) wird auch hier wieder durch die zweiten Ableitungen geprüft. Bei n Variablen ex-
stieren n^2 zweite Nebenbedingungen.
Diese werden in einer quadratischen Matrix (der Hesse-Matrix) zusammengefaßt.

Beispiel:
Eine Gewinnfunktion G hängt von zwei zu produzierenden Gütern x und y ab.
Die ersten Ableitungen lauten:

$\dfrac{\partial G}{\partial x}$ und $\dfrac{\partial G}{\partial y}$

Die zweiten Ableitungen lauten:

$$H = \begin{bmatrix} \dfrac{\partial^2 G}{\partial x^2} & \dfrac{\partial^2 G}{\partial x \partial y} \\[2ex] \dfrac{\partial^2 G}{\partial y \partial x} & \dfrac{\partial^2 G}{\partial y^2} \end{bmatrix}$$

Man kann zweimal nach x ableiten, zweimal nach y ableiten, einmal nach x und dann einmal
nach y ableiten und schließlich einmal nach y und dann nach x ableiten.
Die Schreibweise erfolgt in der Hesse-Matrix wie oben dargestellt.
Dabei denkt man sich für die erste Zeile und Spalte ein x und für die zweite Zeile und Spalte
ein y. An den Kreuzungspunkten erkennt man, wie abzuleiten ist:

$$\begin{array}{c c c} & x & y \\ x & \begin{bmatrix} x,x & x,y \\ y,x & y,y \end{bmatrix} \\ y & \end{array}$$

Beispiel:
Eine Gewinnfunktion G hängt von drei zu produzierenden Gütern x, y und z ab.
Die ersten Ableitungen lauten:

$\dfrac{\partial G}{\partial x}$, $\dfrac{\partial G}{\partial y}$ und $\dfrac{\partial G}{\partial z}$

Die zweiten Ableitungen lauten:

---

[46] Der Nachweis basiert darauf, daß eine konvexe Funktion immer ein Minimum und eine konkave Funktion
immer ein Maximum aufweist. Die Herleitung aller Einzelbedingungen für konkave bzw. konvexe Funktionen
ist relativ aufwendig und wird frühestens im Hauptstudium gelehrt und dann in der Regel auch nur, wenn man
sich für die Fachrichtung Unternehmensforschung entscheidet. Deshalb soll hier nur die Anwendung der hinreichenden Bedingungen erklärt werden.

$$H = \begin{bmatrix} \dfrac{\partial^2 G}{\partial x^2} & \dfrac{\partial^2 G}{\partial x \partial y} & \dfrac{\partial^2 G}{\partial x \partial z} \\[2ex] \dfrac{\partial^2 G}{\partial y \partial x} & \dfrac{\partial^2 G}{\partial y^2} & \dfrac{\partial^2 G}{\partial y \partial z} \\[2ex] \dfrac{\partial^2 G}{\partial z \partial x} & \dfrac{\partial^2 G}{\partial z \partial y} & \dfrac{\partial^2 G}{\partial z^2} \end{bmatrix}$$

Ein **Maximum** liegt vor, wenn die Hesse-Matrix auf der Hauptdiagonalen Elemente besitzt, die negativ oder Null sind. Die Hauptabschnittsdeterminanten mit ungeradem Index müssen negativ oder Null sein, die mit geradem Index müssen positiv oder Null sein.

Ein **Minimum** liegt vor, wenn die Hesse-Matrix auf der Hauptdiagonalen Elemente hat, die positiv oder Null sind und alle Hauptabschnittsdeterminanten positiv oder Null sind.

Beispiel Maximum:
Dazu ein Beispiel, für das die Lösung bereits dargestellt wurde[47]

$$G = G(x, y) = 20x + 25y - 0{,}1x^2 - 0{,}05y^2 - 0{,}05xy$$

$$\frac{\partial G}{\partial x} = 20 - 0{,}2x - 0{,}05y = 0$$

$$\frac{\partial G}{\partial y} = 25 - 0{,}1y - 0{,}05x = 0$$

$$x = 42{,}857 = \frac{300}{7}, \quad y = 228{,}571 = \frac{1.600}{7}, \quad G = 3.285{,}71$$

Liegt wirklich ein Gewinnmaximum vor?
Dazu brauchen wir die Hesse-Matrix

$$H = \begin{bmatrix} \dfrac{\partial^2 G}{\partial x^2} & \dfrac{\partial^2 G}{\partial x \partial y} \\[2ex] \dfrac{\partial^2 G}{\partial y \partial x} & \dfrac{\partial^2 G}{\partial y^2} \end{bmatrix}$$

Für $\dfrac{\partial^2 G}{\partial x^2}$ müssen wir $\dfrac{\partial G}{\partial x}$ nochmals partiell nach x ableiten.

$$\frac{\partial^2 G}{\partial x^2} = -0{,}2$$

Für $\dfrac{\partial^2 G}{\partial x \partial y}$ müssen wir $\dfrac{\partial G}{\partial x}$ nochmals partiell nach y ableiten.

$$\frac{\partial^2 G}{\partial x \partial y} = -0{,}05$$

Für $\dfrac{\partial^2 G}{\partial y \partial x}$ müssen wir $\dfrac{\partial G}{\partial y}$ nochmals partiell nach x ableiten.

$$\frac{\partial^2 G}{\partial y \partial x} = -0{,}05$$

---

[47] Siehe Kapitel Partielle Differentiation

Für $\dfrac{\partial^2 G}{\partial y^2}$ müssen wir $\dfrac{\partial G}{\partial y}$ nochmals partiell nach y ableiten.

$$\frac{\partial^2 G}{\partial y^2} = -0,1$$

In einer Matrix zusammengefaßt:

$$H = \begin{bmatrix} -0,2 & -0,05 \\ -0,05 & -0,1 \end{bmatrix}$$

Die Elemente auf der Hauptdiagonalen müssen negativ oder Null sein:
$-0,2 \leq 0, -0,1 \leq 0$.

Die Hauptabschnittsdeterminanten mit ungeradem Index müssen negativ oder Null sein.
Um die Hauptabschnittsdeterminante zu bestimmen, werden Untermatrizen gebildet. Die erste Hauptabschnittsdeterminante ist die Determinante der Teilmatrix, die nur aus der ersten Zeile und der ersten Spalte besteht:

$$H_1 = \begin{bmatrix} -0,2 \end{bmatrix}$$

Die Determinante einer Matrix mit nur einer Zeile und einer Spalte ist definiert, als genau das eine Element.

$$|H_1| = |-0,2| = -0,2 \leq 0$$

Die Hauptabschnittsdeterminanten mit geradem Index müssen positiv oder Null sein.
Die zweite Hauptabschnittsdeterminante ist die Determinante der Teilmatrix, die aus den ersten beiden Zeilen und Spalten besteht:

$$H_2 = \begin{bmatrix} -0,2 & -0,05 \\ -0,05 & -0,1 \end{bmatrix}$$

$$|H_2| = \begin{vmatrix} -0,2 & -0,05 \\ -0,05 & -0,1 \end{vmatrix} = -0,2 \cdot (-0,1) - (-0,05 \cdot (-0,05)) = 0,0175 \geq 0$$

Da unsere Matrix insgesamt nur zwei Zeilen und Spalten aufwies, gibt es keine weiteren Hauptabschnittsdeterminanten.
Da alle Bedingungen erfüllt sind, liegt ein Maximum vor.

Bei n Variablen $(x_1, x_2, ..., x_n)$ muß für ein Maximum allgemein gelten:

$$\frac{\partial G}{\partial x_1^2} \leq 0, \quad \frac{\partial G}{\partial x_2^2} \leq 0, \quad \frac{\partial G}{\partial x_3^2} \leq 0, \quad ..., \quad \frac{\partial G}{\partial x_n^2} \leq 0$$

und

$$|H_1| \leq 0, \quad |H_2| \geq 0, \quad |H_3| \leq 0, \quad |H_4| \geq 0 \; ...$$

Beispiel Minimum:

$$K = K(x,y) = \frac{1}{10}x^2 + \frac{1}{10}xy - 5x + \frac{1}{20}y^2 - 3y + 500$$

$$\frac{\partial K}{\partial x} = \frac{2}{10}x + \frac{1}{10}y - 5 = 0$$
$$\frac{\partial K}{\partial y} = \frac{1}{10}x + \frac{1}{10}y - 3 = 0$$

$$\frac{1}{10}x + 0 - 2 = 0$$

$$\frac{1}{10}x = 2$$

$$x = 20$$

$$\frac{1}{10}20 + \frac{1}{10}y - 3 = 0$$

$$\frac{1}{10}y - 1 = 0$$

$$y = 10$$

$$K = 435$$

Zweite Ableitungen:

$$H = \begin{bmatrix} \dfrac{\partial^2 K}{\partial x^2} & \dfrac{\partial^2 K}{\partial x \partial y} \\ \dfrac{\partial^2 K}{\partial y \partial x} & \dfrac{\partial^2 K}{\partial y^2} \end{bmatrix} = \begin{bmatrix} \dfrac{1}{5} & \dfrac{1}{10} \\ \dfrac{1}{10} & \dfrac{1}{10} \end{bmatrix}$$

Elemente der Hauptdiagonalen müssen positiv oder Null sein:

$$\frac{1}{5} \geq 0, \frac{1}{10} \geq 0$$

Alle Hauptabschnittsdeterminanten sind positiv oder Null.

$$H_1 = \left| \frac{1}{5} \right| \geq 0$$

$$H_2 = \begin{vmatrix} \dfrac{1}{5} & \dfrac{1}{10} \\ \dfrac{1}{10} & \dfrac{1}{10} \end{vmatrix} = \frac{1}{5} \cdot \frac{1}{10} - \frac{1}{10} \cdot \frac{1}{10} = \frac{1}{100} \geq 0$$

Es liegt ein Minimum vor!

Lösungshinweise

1 Potenzen

Aufgabe 1:

a) $6^7 = 279.936$ b) $12^4 = 20.736$ c) $86^3 = 636.056$

Aufgabe 2:

1.) Fassen Sie folgende Ausdrücke soweit wie möglich zusammen
   a) $a^2 \cdot b^6 \cdot a^4 \cdot c^5 \cdot b \cdot c^2 = a^6 \cdot b^7 \cdot c^7$
   b) $x^2 y^7 z^8 z^2 x^4 y^4 zy = x^6 y^{12} z^{11}$

2.) Berechnen Sie folgende Ausdrücke ohne Taschenrechner:
   a) $(2^4)^2 = 256$
   b) $(3^3)^2 = 729$
   c) $(4^6)^{0,5} = 4^3 = 64$
   d) $((5^{4,5})^4)^{1/6} = (5^{18})^{1/6} = 5^3 = 125$
   e) $((15^6)^{12})^{1/36} = (15^{72})^{1/36} = 15^2 = 225$

3.) Bringen Sie die folgenden Potenzen in die Form a^k.
   a) $\dfrac{1}{a^{10}} = a^{-10}$
   b) $\dfrac{a^{11}}{a^6} a^{-62} = a^5 a^{-62} = a^{-57}$
   c) $\dfrac{1}{a} = a^{-1}$
   d) $a = a^1$
   e) $(a^{-2})^{-6} = a^{12}$
   f) $(\sqrt[6]{a})^{6/5} a^2 = \left(a^{1/6}\right)^{6/5} a^2 = a^{1/5} a^2 = a^{11/5}$ oder $a^{2\frac{1}{5}}$

4.) Berechnen Sie folgende Ausdrücke ohne Taschenrechner:
   a) $\sqrt{45} : \sqrt{5} = \sqrt{45 : 5} = \sqrt{9} = 3$
   b) $\dfrac{\sqrt[3]{80}\sqrt[3]{10}}{\sqrt[3]{10^2}} = \sqrt[3]{\dfrac{80 \cdot 10}{10^2}} = \sqrt[3]{\dfrac{800}{100}} = \sqrt[3]{8} = 2$
   c) $\dfrac{\sqrt{19^3}}{\sqrt{19}} = \sqrt{\dfrac{19^3}{19^1}} = \sqrt{19^2} = 19$

d) $\sqrt{45} \cdot \sqrt{5} = \sqrt{45 \cdot 5} = \sqrt{225} = 15$

e) $\dfrac{\sqrt{9}\sqrt[4]{9}}{\sqrt[12]{9}\sqrt[6]{9}} = \dfrac{9^{1/2} \cdot 9^{1/4}}{9^{1/12} \cdot 9^{1/6}} = \dfrac{9^{3/4}}{9^{1/4}} = 9^{1/2} = \sqrt{9} = 3$

f) $\sqrt{196 \cdot 10^8} = \sqrt{196} \cdot \sqrt{10^8} = 14 \cdot (10^8)^{1/2} = 14 \cdot 10^4 = 140.000$

Aufgabe 3:

1.) Sparbrief 5.000 €
$5.000 \cdot 1{,}055^{10} = 8.540{,}72$

2.) Ein Cent im Jahr 4000 mit Zins und Zinseszins
$0{,}01 \cdot 1{,}01^{2.000} = 4.392.862{,}05$

3.) Maschine, 90.000 €, degressive Abschreibung mit 20%. Restwert nach 3 Jahren?

Hier kann man die Potenzen umgekehrt zu unserer Zinsrechnung anwenden, wo das Kapital durch Zins und Zinseszins immer größer wurde.
Bei der Maschine liegt quasi eine Negativverzinsung vor. Die Maschine verliert jedes Jahr 20% ihres Wertes. Also bleiben nach einem Jahr 80% übrig. Nach 2 Jahren 80% von 80% und nach 3 Jahren 80% von 80%von 80%.
$0{,}8 \cdot 0{,}8 \cdot 0{,}8 = 0{,}8^3 = 0{,}512 = 51{,}2\% \hat{=} 46.080$

4.) Tresor, 20.000 €, 10% degressive Abschreibung. Restwert nach 9 Jahren?
$0{,}9^9 = 0{,}38742 \hat{=} 7.748{,}41$

5.) Öltank, 30.000 €, degressive Abschreibung 8%. Restwert nach 12 Jahren?
$0{,}92^{12} = 0{,}36767 \hat{=} 11.7029{,}99$

2 Logarithmen

Aufgabe 1

1.)Berechnen Sie folgende Ausdrücke ohne Taschenrechner:

a) $\log_4 16 = 2$

b) $\log_2 32 = 5$

c) $\log_2 \dfrac{1}{4} = -\log_2 4 = -2$

d) $\log_5 125 = 3$

e) $\log_6 36 = 2$

f) $log_3 81 = 3$

g) $lg\,8 + lg\,125 = lg(8 \cdot 125) = lg\,1.000 = 3$

h) $lg\,\dfrac{1}{10.000} = -lg\,10.000 = -4$

2.) Berechnen Sie folgende Ausdrücke:

  a) $lg\,500 = 2,699$

  b) $lg\,\dfrac{1}{2000} = -3,301$

  c) $ln\,443 = 6,0935$

  d) $ln\,745 = 6,6134$

  e) $ln\,\dfrac{1}{523} = -6,2596$

3.) Berechnen Sie folgende Ausdrücke ohne Taschenrechner:

  a) $lg\,100^{1,3} = 1,3 \cdot lg\,100 = 1,3 \cdot 2 = 2,6$

  b) $ln\,e^5 = 5\,ln\,e = 5 \cdot 1 = 5$

  c) $lg\,2^4 5^4 = lg(2 \cdot 5)^4 = lg\,10^4 = 4\,lg\,10 = 4$

  d) $lg\,600 - lg(\sqrt{12} \cdot \sqrt{3}\,) = lg\,600 - lg(\sqrt{12 \cdot 3}\,) = lg\,600 - lg(\sqrt{36}\,) = lg\,600 - lg\,6$

    $= lg\,\dfrac{600}{6} = lg\,100 = 2$

  e) $lg((2 \cdot 10^2\,)^2 \cdot \dfrac{5^2}{2}) - lg\,50 = lg((200\,)^2 \cdot \dfrac{25}{2}) - lg\,50 = lg(40.000 \cdot \dfrac{25}{2}) - lg\,50$

    $= lg(20.000 \cdot 25\,) - lg\,50 = lg\,500.000 - lg\,50 = lg\,\dfrac{500.000}{50} = lg\,10.000 = 4$

4.) Berechnen Sie folgende Ausdrücke:

  a) $log_8 1.200 = 3,4096$

  b) $log_{17} 4.000 = 2,9274$

  c) $log_2 5.012 = 12,2912$

  d) $log_{23} 8.756 = 0,2993$

Aufgabe 2

a) $1,1^n = 2$

  $lg\,1,1^n = lg\,2$

  $n \cdot lg\,1,1 = lg\,2$

  $n = \dfrac{lg\,1,1}{lg\,2} = 7,2725$

b) $1,07^n = 3$

  $n = 16,2376$

Aufgabe 3

1.) Bevölkerungswachstum 2%. Nach wievielen Jahren hat sich die Bevölkerung verdoppelt?

$$B \cdot 1,02^n = 2 \cdot B \mid \div B \quad \text{Wenn man mit } B \text{ die Bevölkerungsanzahl bezeichnet}$$

$$1,02^n = 2$$

$$lg \, 1,02^n = lg \, 2$$

$$n \, lg \, 1,02 = lg \, 2$$

$$n = \frac{lg \, 2}{lg \, 1,02} = 35 \text{ Jahre}$$

2.) Ein Anleger zahlt 500 € auf ein Konto ein und erhält 3,5% Zinsen pro Jahr. Nach wievielen Jahren hat er 1.500 € zusammen?

$$500 \cdot 1,035^n = 1.500$$

$$1,035^n = 3 \quad \text{Danach wieder die analoge Anwendung der Gleichungsumstellung}$$

$$n = \frac{lg \, 3}{lg \, 1,035} = 31,935 \quad \text{Er muß also fast 32 Jahre warten}$$

3 Funktionen

Aufgabe

1.) Versicherungsvertreter Ludwig Laber (LL)

    3 Beitragsmonate in der Krankenversicherung (KV) zu je 250 €: $750 \cdot KV$

    3% des Wertes der Kapitallebensversicherungen (LV) $0,03 \cdot LV$

    6 Beitragsmonate in der Unfallversicherung (UV) zu je 30 € $180 \cdot UV$

$$Verdienst = V = 750KV + 0,03LV + 180UV$$

    a) $V = 750 \cdot 5 + 0,03 \cdot 50.000 + 180 \cdot 7 = 6.510$

    b) $V = 750 \cdot 8 + 0,03 \cdot 25.000 + 180 \cdot 2 = 7.110$

    c) $V = 750 \cdot 2 + 0,03 \cdot 75.000 + 180 \cdot 3 = 4.290$

2.) Maschine:

    Abschreibung: $\dfrac{100.000}{8} = 12.500$ FIX

    Rohstoffe: $5 \cdot 3 \cdot x = 15x$ VARIABEL mit x = Anzahl hergestellte Produkte

    Arbeiter: $2 \cdot 0,3 \cdot x = 0,6x$ VARIABEL

    $K = K(x) = 12.500 + 15,6x$

a) 5.000 Stück: $K(x = 5.000) = 12.500 + 15,6 \cdot 5.000 = 90.500$
b) 6.000 Stück: $K(x = 6.000) = 12.500 + 15,6 \cdot 6.000 = 106.100$
c) 7.000 Stück: $K(x = 7.000) = 12.500 + 15,6 \cdot 7.000 = 121.700$

4 Lineare Gleichungen

Aufgabe 1

Berechnen Sie die Werte für die Variablen, geben Sie eine Begründung an, wenn Sie der Ansicht sind, daß eine Lösung nicht möglich ist:

1.) I $2x + 5y = 66$
    II $6x - y = 6$
   $x = 3, y = 12$

2.) I $8x_1 + 5x_2 + 5 = 236$
    II $x_1 + 3x_2 = 74$
   $x_1 = 17, x_2 = 19$

3.) I $5x + 2y - z = 55$
    II $3x - y = 16$
   Nicht lösbar, da für 3 Variablen nur 2 Gleichungen gegeben sind.

4.) I $2x_1 + 6x_2 = 150$
    II $8x_1 + 24x_2 = 600$
   Nicht lösbar, da lineare Abhängigkeit vorliegt: I $\cdot$ 4 = II

5.) I $2x + 3y + 4z = 38$
    II $4x + 2y + 7z = 55$
    III $6x + 8y + 3z = 65$
   $x = 3, y = 4, z = 5$

Aufgabe 2

1.) Kurt Knecht (KK): Fixum: 1.000 € pro Monat. 2% Provision.
    Ludwig Laber (LL) 5% Provision, aber kein Fixum.

    KK: $1.000 + 0,02x$ Wenn x der vermittelte Umsatz ist.
    LL: $0,05x$

    $0,05x = 1.000 + 0,02x$
    $0,03x = 1.000$
      $x = 33.333,33$

2.) Gustav Grübel (GG): Nutzungsdauer der Fahrzeuge 6 Jahre. Anschaffungskosten Diesel
33.000 €, Benziner 30.000 €.
Der Diesel verbraucht 6 Liter auf 100 km zu einem Preis von 90 Cent/l.
Der Benziner verbraucht 9 Liter auf 100 km zu einem Preis von 1,10 €/l.
Kfz-Steuern: 150 € beim Benzinfahrzeug und 450 € beim Diesel jeweils pro Jahr.

	Diesel	Benziner
Abschreibung (Fix)	33.000/6 = 5.500	30.000/5 = 5.000
Verbrauch (Variabel)	0,06 · 0,9 = 0,054 €/km	0,09 · 1,1 = 0,099 €/km
Steuer (Fix)	450	150
10.000 km	6.490	6.140
15.000 km	6.760	6.635

Diesel   Benziner
$5.950 + 0,054x = 5.150 + 0,099x$
$800 = 0,045x$
$17.777,\overline{7} = x$

5 Quadratische Gleichungen

Aufgabe 1

1.) $(u + v)^2 = u^2 + 2uv + v^2$

2.) $(3a + 4b)^2 = 3^2a^2 + 2 \cdot 3a \cdot 4b + 4^2b^2 = 9a^2 + 24ab + 16b^2$

3.) $(c + 2v)^2 = c^2 + 4cv + 4v^2$

4.) $(4h + 5i)^2 = 16h^2 + 40\,hi + 25i^2$

Aufgabe 2

Berechnen Sie jeweils den Lösungswert für die gegebene Variable.

1.) $x^2 + 9x = 28,75$ 2ab ist hier 9x, also $2 \cdot 4,5 \cdot x = 2ab$, also $b = 4,5$
$x^2 + 9x + 4,5^2 = 28,75 + 4,5^2$
$(x + 4,5)^2 = 49$
$(x + 4,5) = \pm 7$
$x = \pm 7 - 4,5$
$x_1 = -11,5, \ x_2 = 2,5$

2.) $4s^2 - 15s + 1,1025 = 0 \mid \div 4$
$s^2 - 3,75s + 0,275625 = 0$

$$s^2 - 3,75s = -0,275625 \qquad b = 3,75/2 = 1,875$$
$$s^2 - 3,75s + 1,875^2 = -0,275625 + 1,875^2$$
$$(s - 1,875)^2 = 3,24$$
$$(s - 1,875) = \pm 1,8$$
$$s = \pm 1,8 + 1,875$$
$$s_1 = 0,075, \, s_2 = 3,675$$

3.) $5j^2 + 8j = 0$ Ausklammern ist einfacher als die quadratische Ergänzung
$j(5j + 8) = 0$ Jetzt muß einer der beiden Faktoren Null sein
$j_1 = 0$
$(5j + 8) = 0$
$5j = -8$
$j_2 = -1,6$

6 Differentialrechnung

Aufgabe 1

Bestimmen Sie die erste Ableitung der folgenden Funktionen y mit der Variablen x.

1.) $y = x^3$ $\qquad\qquad$ $y' = 3x^2$

2.) $y = 2x^2$ $\qquad\qquad$ $y' = 4x$

3.) $y = 23x^{17}$ $\qquad\qquad$ $y' = 391x^{16}$

4.) $y = ax^5$ $\qquad\qquad$ $y' = 5ax^4$

5.) $y = 5cx^7$ $\qquad\qquad$ $y' = 35cx^6$

6.) $y = 4x^c$ $\qquad\qquad$ $y' = 4cx^{c-1}$

7.) $y = 7$ $\qquad\qquad$ $y' = 0$

8.) $y = x^{1/3}$ $\qquad\qquad$ $y' = \frac{1}{3}x^{-2/3}$

9.) $y = \sqrt{x} \Leftrightarrow y = x^{1/2}$ $\qquad$ $y' = \frac{1}{2}x^{-1/2} = \dfrac{1}{2\sqrt{x}}$

Aufgabe 2

Bestimmen Sie für folgende Funktionen $y = f(x)$ die erste Ableitung.

1.) $y = 4x^3 + 2x^2 + 5x + 10$ $\qquad$ $y' = 12x^2 + 4x + 5$

2.) $y = 3x^8 + 3x^4 + 5\sqrt{x}$ $\qquad$ $y' = 24x^7 + 12x^3 + 5 \cdot \frac{1}{2}x^{-1/2}$

3.) $y = 5x - 4x^2$ $\qquad$ $y' = 5 - 8x$

4.) $y = (x^2 + 3)(2x^2 - 5)$

$y' = (2x + 3)(2x^2 - 5) + (x^2 + 3)4x$

$y' = 4x^3 - 10x + 6x^2 - 15 + 4x^3 + 12x$

$y' = 8x^3 + 6x^2 + 2x - 15$

5.) $y = (x^5 + x^6)(x^2 - 5x^3)$

$y' = (5x^4 + 6x^5)(x^2 - 5x^3) + (x^5 + x^6)(2x - 15x^2)$

$y' = 5x^6 - 25x^7 + 6x^7 - 30x^8 + 2x^6 - 15x^7 + 2x^7 - 15x^8$

$y' = -45x^8 - 32x^7 + 7x^6$

6.) $y = \dfrac{x^3 - 4}{x}$

$y' = \dfrac{3x^2 x - (x^3 - 4) \cdot 1}{x^2} = \dfrac{3x^3 - x^3 + 4}{x^2} = \dfrac{2x^3 + 4}{x^2}$

7.) $y = \dfrac{3x^3 - 5x^2}{x^4}$

$y' = \dfrac{(9x^2 - 10x)x^4 - (3x^3 - 5x^2)4x^3}{x^8}$

$y' = \dfrac{9x^6 - 10x^5 - (12x^6 - 20x^5)}{x^8} = \dfrac{-3x^6 + 10x^5}{x^8}$

$y' = \dfrac{(-3x + 10)x^5}{x^3 x^5} = \dfrac{-3x + 10}{x^3}$

8.) $y = 4(x^2 + 4)^4$

$y' = 4 \cdot 4 \cdot (x^2 + 4)^3 \cdot (2x) = 32x(x^2 + 4)^3$

9.) $y = (x^2 + 10x^3)^5 \, 5x$

$y' = 5(x^2 + 10x^3)^4 \cdot (2x + 30x^2)5x + (x^2 + 10x^3)^5 \, 5$

Hier trifft die Ketten- und die Produktregel zusammen.
Zunächst ist der erste Teil $(x^2 + 10x^3)^5$ nach der
Kettenregel abzuleiten.
Der zweite Teil $5x$ bleibt bestehen.
Dann nach der Produktregel: erster Teil $(x^2 + 10x^3)^5$
bleibt bestehen.
Der zweite Teil $5x$ ist abzuleiten.

Aufgabe 3

Bestimmen Sie für folgende Funktion die Extremwerte. Legen Sie fest, ob ein Minimum oder
ein Maximum vorliegt.

$y = f(x) = 5x^3 + 52,5x^2 + 30,15x + 12$

$y' = 15x^2 + 105x + 30,15 = 0$ Erste Ableitung Null setzen (notwendige Bedingung)

$x^2 + 7x + 2,01 = 0$

$x^2 + 7x + 3,5^2 = -2,01 + 3,5^2$ Quadratische Ergänzung

$(x + 3,5)^2 = 10,24$

$x + 3,5 = \pm 3,2$

$x_1 = -6,7, \; x_2 = -0,3$

$y'' = 30x + 105$ Zweite Ableitung (hinreichende Bedingung)

$y''(x_1 = -6,7) = 30 \cdot (-6,7) + 105 = -96 > 0 \Rightarrow$ Maximum

$y''(x_2 = -0,3) = 30 \cdot (-0,3) + 105 = 96 < 0 \Rightarrow$ Minimum

Die Funktion verläuft wie eine Welle. Zunächst fallen die Werte immer weiter ab, bis sie bei – 6,7 einen minimalen Wert erreichen und steigen danach an bis zu einem Höchstwert an, der an der Stelle – 0,3 erreicht wird, um danach wieder zu fallen.

Aufgabe 4

Berechnen Sie jeweils den x-Wert, für den das jeweilige Maximum erzielt wird. Prüfen Sie, ob tatsächlich ein Maximalwert erreicht wird und bestimmen Sie seine Größe.

1.) *Gewinn* $G = 30x - (80 + 10x + 0,2x^2)$

$$\frac{dG}{dx} = G' = 30 - 10 - 0,4x = 0$$

$$x = 50$$

$$\frac{d^2G}{dx^2} = G'' = -0,4 < 0 \Rightarrow \text{Maximum}$$

$$G(x = 50) = 420$$

2.) *Gewinn* $G = 80x - (1.000 + 40x + 0,25x^2)$

$$\frac{dG}{dx} = G' = 80 - 40 - 0,5x = 0$$

$$x = 80$$

$$\frac{d^2G}{dx^2} = G'' = -0,5 < 0 \Rightarrow \text{Maximum}$$

$$G(x = 80) = 600$$

3.) *Umsatz* $U = 500 - (x - 30)^2 - 2x$

$$\frac{dU}{dx} = U' = -2(x - 30) - 2 = 0 \quad \text{Kettenregel}$$

$$-2x + 60 - 2 = 0$$
$$-2x + 58 = 0$$
$$-2x = -58$$
$$x = 29$$

$$\frac{d^2U}{dx^2} = U'' = -2 < 0 \Rightarrow \text{Maximum}$$

$$U(x = 29) = 441$$

4.) *Nutzen* $N = 100 - (x - 30)^4 + 32x$

$$\frac{dN}{dx} = N' = -4(x - 30)^3 \cdot 1 + 32 = 0$$

$$(x - 30)^3 = \frac{-32}{-4}$$

$$(x - 30) = \sqrt[3]{8} = 2 \quad \text{Bei der dritten Wurzel gibt es nur eine Lösung}$$

$$x = 32$$

$$\frac{d^2N}{dx^2} = N'' = -12(x-30)^2 \cdot 1$$

Der Klammerausdruck wird quadriert und ist damit positiv. Wenn man das mit -12 multipliziert, muß das Ergebnis negativ sein.

Wer dies nicht aus der Formel ersieht, kann den errechneten Wert einsetzen.

$$N''(x=32) = -12(32-30)^2 = -48 \Rightarrow \text{Maximum}$$
$$N(x=32) = 1.108$$

7 Partielle Differentiation

Aufgabe

1.) Ludwig Lustig (LL):

$$N(c,z) = 60c + 10z - \frac{1}{180}c^3 - \frac{1}{50}z^2 \qquad \text{mit } c \text{ und } z \text{ jeweils angegeben in Minuten}$$

$$\frac{\partial N}{\partial c} = 60 - \frac{3}{180}c^2 = 0 \Rightarrow 60 - \frac{1}{60}c^2 = 0 \Rightarrow c^2 = 3.600 \Rightarrow c = 60$$

Die zweite (mathematische) Lösung $c = -60$ gibt hier keinen Sinn.

$$\frac{\partial N}{\partial z} = 10 - \frac{2}{50}z = 0 \Rightarrow 10 - \frac{1}{25}z = 0 \Rightarrow z = 250$$
$$N_{max} = 3.650$$

2.) $G(x,y) = 50x + 60y - \frac{1}{20}x^2 - \frac{1}{15}y^2 - \frac{1}{50}xy - 500$

$$\frac{\partial G}{\partial x} = 50 - \frac{1}{10}x - \frac{1}{50}y = 0 \Rightarrow y = 2.500 - 5x$$

$$\frac{\partial G}{\partial y} = 60 - \frac{2}{15}y - \frac{1}{50}x = 0 \qquad \text{Setzt man die Lösung für } y \text{ hier ein}$$

$$60 - \frac{2}{15}(2.500 - 5x) - \frac{1}{50}x = 0$$

$$x = \frac{41.000}{97} = 422,68$$

$$y = 2.500 - 5 \cdot \frac{41.000}{97} = \frac{37.500}{97} = 386,6$$

$$G_{max} = 21.664,95$$

3.) $G(x_1,x_2,x_3) = 30x_1 + 40x_2 + 60x_3 - \frac{1}{40}x_1^2 - \frac{1}{30}x_2^2 - \frac{1}{20}x_3^2 - \frac{1}{50}x_1x_2 - \frac{1}{80}x_2x_3$

$$\frac{\partial G}{\partial x_1} = 30 - \frac{1}{20}x_1 - \frac{1}{50}x_2 = 0 \Rightarrow \frac{1}{20}x_1 = 30 - \frac{1}{50}x_2 \Rightarrow x_1 = 600 - \frac{2}{5}x_2$$

$$\frac{\partial G}{\partial x_2} = 40 - \frac{1}{15}x_2 - \frac{1}{50}x_1 - \frac{1}{80}x_3 = 0$$

$$\frac{\partial G}{\partial x_3} = 60 - \frac{1}{10}x_3 - \frac{1}{80}x_2 = 0 \Rightarrow \frac{1}{10}x_3 = 60 - \frac{1}{80}x_2 \Rightarrow x_3 = 600 - \frac{1}{8}x_2$$

Jetzt hat man einen Ausdruck für x_1 und x_3. Setzt man dies in die zweite Gleichung ein, so hat man nur eine Unbekannte (x_2).

$$40 - \frac{1}{15}x_2 - \frac{1}{50}\left(600 - \frac{2}{5}x_2\right) - \frac{1}{80}\left(600 - \frac{1}{8}x_2\right) = 0$$

$$20,5 - \frac{2.741}{48.000}x_2 = 0$$

$$x_2 = \frac{984.000}{2.741} = 358,99$$

Dies kann man in die ermittelten Gleichungen einsetzten, um x_1 und x_3 zu bestimmen.

$$x_1 = 600 - \frac{2}{5}358,99 = 456,40 \qquad x_3 = 600 - \frac{1}{8}358,99 = 555,13$$

$$G_{max} = 30.679,68$$

8 Partielle Differentiation mit linearen Nebenbedingungen

Aufgabe

1.) Zf.: $N = x_1 \cdot x_2 + x_1$ (Vorgabe)
Ausgabe x_1 + Ausgaben $x_2 = 500$
$25x_1 + 5x_2 = 500$[48]
$25x_1 + 5x_2 - 500 = 0$

$L = x_1 \cdot x_2 + x_1 + \lambda(25x_1 + 5x_2 - 500)$

$\dfrac{\partial L}{\partial x_1} = x_2 + 1 + 25\lambda = 0 \Rightarrow x_2 = -1 - 25\lambda$

$\dfrac{\partial L}{\partial x_2} = x_1 + 5\lambda = 0 \Rightarrow x_1 = -5\lambda$

$\dfrac{\partial L}{\partial \lambda} = 25x_1 + 5x_2 - 500 = 0$

$25(-1 - 25\lambda) + 5(-5\lambda) - 500 = 0$
$-125\lambda - 5 - 125\lambda - 500 = 0$
$\lambda = -2,02$
$x_1 = -5\lambda = 10,1 \qquad x_2 = -1 - 25\lambda = 49,5$
$N_{max} = 510,05$

---

[48] Einige versuchen hier die geänderte Zielfunktion in die Nebenbedingung einzubauen. Nebenbedingung und Zielfunktion sind immer unabhängig voneinander zu bestimmen! Die Lösung erfolgt also hier analog zum Einführungsbeispiel des KK.

2.) Zf.: $Gewinn = G = 10x_1 + 5x_2 - \frac{1}{50}x_1^2 - \frac{1}{200}x_2^2 => Max.!$

u.d.N.: $15x_1 + 15x_2 = 3.000$

$\lambda = -\frac{22}{75} = -0,29\overline{3};\ x_1 = 140;\ x_2 = 60;\ G_{max} = 1.290$

3.) Zf.: $G = 30x_1 + 20x_2 - \frac{1}{20}x_1^2 - \frac{1}{40}x_2^2 => Max.!$

u.d.N.: $10x_1 + 20x_2 = 2.000$

$\lambda = -1;\ x_1 = 200;\ x_2 = 0;\ G_{max} = 4.000$

4.) Zf.: $N = N(x_1, x_2) = \frac{1}{10}x_1^2 + \frac{1}{5}x_2^2 + 2x_1 + 3x_2 + \frac{1}{10}x_1 x_2 => Max.!$

u.d.N.: $4x_1 + 12x_2 = 1.384$

$L = \frac{1}{10}x_1^2 + \frac{1}{5}x_2^2 + 2x_1 + 3x_2 + \frac{1}{10}x_1 x_2 + \lambda(4x_1 + 12x_2 - 1.384) => Max.!$

$\frac{\partial N}{\partial x_1} = \frac{1}{5}x_1 + 2 + \frac{1}{10}x_2 + 4\lambda = 0$

$\frac{\partial N}{\partial x_2} = \frac{2}{5}x_2 + 3 + \frac{1}{10}x_1 + 3\lambda = 0$

$\frac{\partial N}{\partial \lambda} = 4x_1 + 12x_2 - 1.384 = 0$

$x_1 = 16,\ x_2 = 110,\ \lambda = -4,05,\ N_{max} = 2983,60$

9 Matrizenrechnung

Aufgabe

1.) $\begin{pmatrix} 2 & 5 & 8 \\ 12 & -9 & 2 \\ 8 & 3 & 7 \end{pmatrix} + \begin{pmatrix} 4 & 5 & 7 \\ -5 & -9 & 4 \\ 9 & 4 & 23 \end{pmatrix} = \begin{pmatrix} 6 & 10 & 15 \\ 7 & -18 & 6 \\ 17 & 7 & 30 \end{pmatrix}$

2.) $\begin{pmatrix} 2 & 5 & 8 \\ 12 & -9 & 2 \\ 8 & 3 & 7 \end{pmatrix} - \begin{pmatrix} 4 & 5 & 7 \\ -5 & -9 & 4 \\ 9 & 4 & 23 \end{pmatrix} = \begin{pmatrix} -2 & 0 & 1 \\ 17 & 0 & -2 \\ -1 & -1 & -16 \end{pmatrix}$

3.) $\begin{pmatrix} 4 & 2 & 0 \\ 3 & 2 & 1 \\ 5 & 6 & 7 \end{pmatrix} \cdot \begin{pmatrix} 4 & 2 & 1 \\ 5 & 1 & 4 \\ -3 & -2 & 0 \end{pmatrix} = \begin{pmatrix} 26 & 10 & 12 \\ 19 & 6 & 11 \\ 29 & 2 & 29 \end{pmatrix}$

4.) $\begin{pmatrix} 3 & 5 & 9 \\ 2 & 6 & 8 \\ 4 & 1 & 7 \end{pmatrix} \cdot \begin{pmatrix} 2 & 5 \\ 4 & 1 \\ 3 & 2 \end{pmatrix} = \begin{pmatrix} 53 & 38 \\ 52 & 32 \\ 33 & 35 \end{pmatrix}$

5.) $\begin{pmatrix} 3 & 2 \\ 2 & 2 \end{pmatrix} \cdot \begin{pmatrix} 2 & 3 & 4 \\ 1 & 2 & 5 \end{pmatrix} = \begin{pmatrix} 8 & 13 & 22 \\ 6 & 10 & 18 \end{pmatrix}$

6.) $\begin{pmatrix} -11 & -17 & 13 \\ 12 & 4 & -5 \\ 3 & -1 & 2 \\ 3 & 4 & 7 \end{pmatrix} \cdot \begin{pmatrix} 7 & -4 \\ 3 & -1 \\ 2 & 15 \end{pmatrix} = \begin{pmatrix} -102 & 256 \\ 86 & -127 \\ 22 & 19 \\ 47 & 89 \end{pmatrix}$

7.) $\begin{pmatrix} 2 & 5 \\ 8 & 9 \end{pmatrix} \cdot \begin{pmatrix} 1 & 0 \\ 0 & 1 \end{pmatrix} = \begin{pmatrix} 2 & 5 \\ 8 & 9 \end{pmatrix}$

Eine quadratische Matrix, die mit der zugehörigen Einheitsmatrix multipliziert wird, verändert sich nicht, d. h. Multiplikation in der Matrizenrechnung mit der Einheitsmatrix ist gleichbedeutend einer Multiplikation mit 1.

10 Determinanten

Aufgabe 1

1.) $det \begin{pmatrix} 4 & 6 \\ -6 & 3 \end{pmatrix} = 4 \cdot 3 - (6 \cdot (-6)) = 48$

2.) $det \begin{pmatrix} 3 & 17 \\ 256 & -8 \end{pmatrix} = 3 \cdot (-8) - 17 \cdot 256 = -4.376$

3.) $\begin{vmatrix} 5 & 2 \\ -9 & -3 \end{vmatrix} = 3$

4.) $\begin{vmatrix} -78 & 5 \\ -3 & 1 \end{vmatrix} = -63$

Aufgabe 2

Die Lösung läßt sich auf verschiedene Arten berechnen, wie bereits dargestellt. Im Lösungsvorschlag ist bei der ersten Matrix die Zerlegung nach der ersten Zeile durchgeführt worden. Bei der zweiten Matrix wurde das Verfahren von Sarrus angewendet.

1.) $\begin{vmatrix} 2 & 7 & -5 \\ 3 & -2 & 4 \\ 2 & 1 & 3 \end{vmatrix} = 2 \begin{vmatrix} -2 & 4 \\ 1 & 3 \end{vmatrix} - 7 \begin{vmatrix} 3 & 4 \\ 2 & 3 \end{vmatrix} - 5 \begin{vmatrix} 3 & -2 \\ 2 & 1 \end{vmatrix} = 2(-2 \cdot 3 - 4 \cdot 1) - 7(3 \cdot 3 - 4 \cdot 2) - 5(3 \cdot 1 - 2 \cdot (-2))$

$= -20 - 7 - 35 = -62$

2.) $\begin{vmatrix} 2 & 52 & -3 \\ 17 & 12 & -8 \\ -12 & 1/8 & 3 \end{vmatrix} = 72 + 4992 - 51/8 - [432 + 2.652 - 2] = 1.975,625$

3.) $\begin{vmatrix} 1 & 1 & 2 \\ 2 & 5 & 2 \\ 3 & 4 & 5 \end{vmatrix} = -1$

Aufgabe 3

1.) $\begin{pmatrix} 5 & 6 \\ 4 & 3 \end{pmatrix}\begin{pmatrix} x_1 \\ x_2 \end{pmatrix} = \begin{pmatrix} 60 \\ 100 \end{pmatrix}$

$\Delta = \begin{vmatrix} 5 & 6 \\ 4 & 3 \end{vmatrix} = 5 \cdot 3 - 6 \cdot 4 = -9$

$\Delta x_1 = \begin{vmatrix} 60 & 6 \\ 100 & 3 \end{vmatrix} = 60 \cdot 3 - 100 \cdot 6 = -420$ $x_1 = \dfrac{\Delta x_1}{\Delta} = \dfrac{-420}{-9} = 46,\overline{6}$

$\Delta x_2 = \begin{vmatrix} 5 & 60 \\ 4 & 100 \end{vmatrix} = 5 \cdot 100 - 60 \cdot 4 = 260$ $x_2 = \dfrac{\Delta x_2}{\Delta} = \dfrac{260}{-9} = -28,\overline{8}$

2.) $2x_1 + 4x_2 = 200$
$4x_1 + 10x_2 = 100$
$\begin{pmatrix} 2 & 4 \\ 4 & 10 \end{pmatrix}\begin{pmatrix} x_1 \\ x_2 \end{pmatrix} = \begin{pmatrix} 200 \\ 100 \end{pmatrix}$
$\Delta = 4; \ \Delta x_1 = 1.600; \ \Delta x_2 = -600; \ x_1 = 400; \ x_2 = -150$

3.) $\begin{pmatrix} 1 & -1 & 2 \\ 2 & -3 & 5 \\ 3 & -2 & -1 \end{pmatrix}\begin{pmatrix} x \\ y \\ z \end{pmatrix} = \begin{pmatrix} 7 \\ 17 \\ 12 \end{pmatrix}$

$\Delta = \begin{vmatrix} 1 & -1 & 2 \\ 2 & -3 & 5 \\ 3 & -2 & -1 \end{vmatrix} = 6$

$\Delta x = \begin{vmatrix} 7 & -1 & 2 \\ 17 & -3 & 5 \\ 12 & -2 & -1 \end{vmatrix} = 18 \quad \Delta y = \begin{vmatrix} 1 & 7 & 2 \\ 2 & 17 & 5 \\ 3 & 12 & -1 \end{vmatrix} = -12 \quad \Delta z = \begin{vmatrix} 1 & -1 & 7 \\ 2 & -3 & 17 \\ 3 & -2 & 12 \end{vmatrix} = 6$

$x = 3, y = -2, z = 1$

4.) $3x_1 + 4x_2 - 6x_3 = -44$
$5x_1 + 7x_2 + 3x_3 = 3$
$4x_1 - 2x_2 + 4x_3 = 50$

$\Delta = 298; \quad \Delta x_1 = 1.192; \quad \Delta x_2 = -1.490; \quad \Delta x_3 = 1.788$

$x_1 = 4; \quad x_2 = -5; \quad x_3 = 6$

5.) Rudi Rüpel; $Geschenke = G = 2x_1 + 3x_2 + \frac{1}{2}x_1^2 + \frac{1}{4}x_2^2 - 15,5$

x_1 = Anzahl der guten Taten gegenüber der Schwester
x_2 = Anzahl der guten Taten gegenüber den Eltern. Nur noch 7 gute Taten insgesamt.

$x_1 + x_2 = 7 \Rightarrow x_1 + x_2 - 7 = 0$

$L = 2x_1 + 3x_2 + \frac{1}{2}x_1^2 + \frac{1}{4}x_2^2 - 15,5 + \lambda(x_1 + x_2 - 7)$

$\dfrac{\partial L}{\partial x_1} = 2 + x_1 + \lambda = 0$

$\dfrac{\partial L}{\partial x_2} = 3 + \frac{1}{2}x_2 + \lambda = 0$

$\dfrac{\partial L}{\partial \lambda} = x_1 + x_2 - 7 = 0$

$\begin{pmatrix} 1 & 0 & 1 \\ 0 & \frac{1}{2} & 1 \\ 1 & 1 & 0 \end{pmatrix} \begin{pmatrix} x_1 \\ x_2 \\ \lambda \end{pmatrix} = \begin{pmatrix} -2 \\ -3 \\ 7 \end{pmatrix}$

$\Delta = -1,5; \quad \Delta x_1 = -4,5; \quad \Delta x_2 = -6; \quad \Delta\lambda = 7,5$

$x_1 = 3; \quad x_2 = 4; \quad \lambda = -5; \quad G = 11$

11 Summenzeichen

Aufgabe 1

1.) $\displaystyle\sum_{i=1}^{50} i = \dfrac{1+50}{2}\,50 = 1.275$

2.) $\displaystyle\sum_{i=1}^{80} 7i = 7\sum_{i=1}^{80} i = 7\dfrac{1+80}{2}\,80 = 22.680$

3.) $\displaystyle\sum_{i=1}^{60} c = 60c$

4.) $\displaystyle\sum_{i=1}^{60}\sum_{j=1}^{50} c = 60 \cdot 50 \cdot c = 3.000c$

5.) $\displaystyle\sum_{i=1}^{60}\sum_{j=1}^{50} i = \sum_{j=1}^{50}\sum_{i=1}^{60} i = 50\dfrac{1+60}{2}\,60 = 91.500$

Bezüglich j ist i eine Konstante (i ändert sich nicht, wenn j sich durch das Zählen verändert).

6.) $\sum\limits_{i=1}^{3}\sum\limits_{j=1}^{4}\sum\limits_{k=1}^{7}i\cdot 5 = 5\sum\limits_{j=1}^{4}\sum\limits_{k=1}^{7}\sum\limits_{i=1}^{3}i = 5\cdot 4\cdot 7\cdot (1+2+3) = 840$

7.) $\sum\limits_{i=1}^{30}\sum\limits_{j=1}^{15}i\cdot 3 = 3\sum\limits_{j=1}^{15}\sum\limits_{i=1}^{30}i = 3\cdot 15\cdot \dfrac{1+30}{2}30 = 20.925$

8.) $\sum\limits_{i=-8}^{12}12 = (12-(-8)+1)\cdot 12 = 21\cdot 12 = 252$

Von –8 bis 12 existieren 21 ganze Zahlen (mit der Null!). 12 ist eine Konstante.

Aufgabe 2

1.) $\sum\limits_{i=-20}^{40}15a = (40-(-20)+1)15a = 61\cdot 15a = 915a$

2.) $\sum\limits_{i=1}^{20}12i = 12\sum\limits_{i=1}^{20}i = 12\dfrac{1+20}{2}20 = 2.520$

3.) $\sum\limits_{t=1}^{20}\sum\limits_{s=1}^{30}27s = 20\cdot 27\cdot \dfrac{1+30}{2}30 = 251.100$

4.) $\sum\limits_{i=1}^{20}\sum\limits_{j=1}^{40}a\cdot b\cdot c = 20\cdot 40abc = 800abc$

5.) $\sum\limits_{i=50}^{200}i = \dfrac{50+200}{2}(200-50+1) = 18.875$

Mittelwert von 50 (Beginn der Zählung) und 200 (Ende der Zählung) mal Anzahl der Zahlen von 50 bis 200.

6.) $\sum\limits_{i=-30}^{33}i = \sum\limits_{i=-30}^{30}i + \sum\limits_{i=31}^{33}i = 0 + \sum\limits_{i=31}^{33}i = 31+32+33 = 96$

7.) $\sum\limits_{i=-40}^{50}36i = 36\sum\limits_{i=-40}^{50}i = 36\dfrac{-40+50}{2}(50-(-40)+1) = 16.380$

8.) $\sum\limits_{i=60}^{140}52i = 52\dfrac{60+140}{2}(140-60+1) = 421.200$

12 Zinsberechnung

Aufgabe 1

1.) Berechen Sie jeweils mit und ohne Zinseszinsen:

$K_0 = 45.000, i = 5\%, Laufzeit = 5\ Jahre, K_n = ?$

$K_n = 45.000\cdot (1+0,05)^5 = 57.432,67$ mit Zinseszinsen

$K_n = 45.000\cdot (1+0,05\cdot 5) = 56.250$ ohne Zinseszinsen

2.) $K_0 = 80.000$, $i = 6\%$, Laufzeit = 13 Jahre, K_n = ?

$K_n = 80.000 \cdot (1 + 0.06)^{13} = 170.634,26$ mit Zinseszinsen

$K_n = 80.000 \cdot (1 + 0.06 \cdot 13) = 142.400$ ohne Zinseszinsen

3.) $K_n = 118.000$, $i = 4.5\%$, Laufzeit = 6 Jahre, K_0 = ?

$K_0 = \dfrac{118.000}{(1 + 0.045)^6} = 90.611,70$ mit Zinseszinsen

$K_0 = \dfrac{118.000}{(1 + 0.045 \cdot 6)} = 92.913,39$ ohne Zinseszinsen

4.) $K_{10} = 150.000$, $i = 8\%$, K_0 = ? Da K_{10} gegeben ist, muß gelten $n = 10$

$K_0 = 69.479,02$ mit Zinseszinsen

$K_0 = 83.333,33$ ohne Zinseszinsen

5.) $K_0 = 5.000$, $j = 2\%$ pro Quartal, $N = 3$ Jahre und 5 Monate, K_N = ?

m = Anzahl der Quartale pro Jahr = 4

$N = n \cdot m = 3 \dfrac{5}{12} \cdot 4 = 13,\overline{6}$

$K_N = 5.000 \cdot (1 + 0.02)^{13,\overline{6}} = 6.366,67$ mit Zinseszinsen

$K_N = 5.000 \cdot (1 + 0.02 \cdot 13,\overline{6}) = 6.553,99$ ohne Zinseszinsen

6.) $K_0 = 3.000$, $j = 4\%$ pro Halbjahr, $N = 10$ Monate, K_N = ?

$N = \dfrac{10}{12} \cdot 2 = 1,\overline{6}$ (2 Halbjahre pro Jahr)

$K_N = 3.000 \cdot (1 + 0.04)^{1,\overline{6}} = 3.202,65$ mit Zinseszinsen

$K_N = 3.000 \cdot (1 + 0.04 \cdot 1,\overline{6}) = 3.200$ ohne Zinseszinsen

Aufgabe 2

1.) Berechnung des Zinssatzes i, bei Zinseszinsrechnung.

$K_n = K_0 (1 + i)^n$

$\dfrac{K_n}{K_0} = (1 + i)^n$

$\sqrt[n]{\dfrac{K_n}{K_0}} = 1 + i$

$i = \sqrt[n]{\dfrac{K_n}{K_0}} - 1$

2.) Kapitalverdopplung in 20, 10 bzw. 5 Jahren.

Dazu kann man K_n auf 2 und K_0 auf 1 setzen.

20 Jahre: $i = 3,5265\%$

10 Jahre: $i = 7,1773\%$

5 Jahre: $i = 14,8698\%$

3.) Gustav Grübel (GG) möchte in 10 Jahren 100.000 € zur Verfügung haben. Er kann sein Geld für 5 Jahre zu 7% anlegen. Für die nächsten 5 Jahre erhält er 5%. Wieviel Geld muß er anlegen? (mit Zinseszinsen)

$$K_5 = K_0(1+0,07)^5$$

$$K_{10} = K_5(1+0,05)^5 \quad K_{10} \text{ ist bekannt } (= 100.000)$$

$$100.000 = K_0(1,07)^5(1,05)^5$$

$$K_0 = \frac{100.000}{(1,07)^5(1,05)^5} = 55.864,33$$

4.) Bank A: 6% pro Jahr
Bank B: 2,9% pro Halbjahr

Für Bank B gilt: $i^* = (1+j)^m - 1 = (1+0,029)^2 - 1 = 5,88\%$
Somit: Bank A ist besser.

5.) Bank A: 7% pro Jahr
Bank B: 1,7% pro Quartal

Für Bank B gilt: $i^* = (1+0,017)^4 - 1 = 6,975\%$
Somit: Bank A ist besser.

6.) Tagesgeldkonto 2,4% p. a. Zinsen monatlich.
Welchen Zins müßte man für ein Tagesgeldkonto erhalten, bei dem die Auszahlung der Zinsen erst zum Jahresende erfolgt, wenn man das selbe Ergebnis erreichen möchte?

Durch die monatliche Gutschrift erhält man ein Zwölftel der Zinsen ausgezahlt:

$$j = \frac{2,4\%}{12} = 0,2\%$$

$$i^* = (1+0,002)^{12} - 1 = 2,4265\%$$

13 Rentenrechnung

Aufgabe 1

1.) $r = 5.000, i = 7\%, n = 10, R_0 = ?, R_n = ?$

$$R_n = 5.000 \frac{1,07^{10} - 1}{0,07} = 69.082,24$$

$$R_0 = 5.000 \frac{1,07^{10} - 1}{0,07 \cdot 1,07^{10}} = 35.117,91 \text{ oder schneller: } R_0 = \frac{69.082,24}{1,07^{10}} = 35.117,91$$

2.) $r = 8.000$, $i = 12\%$, $n = 12$, $R_0 = ?$, $R_n = ?$
$R_n = 193.065,07$ $R_0 = 49.554,99$

3.) Eine private Rentenversicherung zahlt 10.000 € pro Jahr für 10 Jahre.
Welche Kapitalabfindung bietet die Versicherung einem Anleger, bei einem Zinssatz von 5%?

Der Kunde bekommt jetzt gleich Geld als Abfindung, also ist R_0 gesucht.
$R_0 = 77.217,35$

Aufgabe 2

1.) $i = 6\%$, $n = 12$, $R_0 = 115.000$, $r = ?$
$r = 13.716,86$

2.) $i = 7\%$, $R_{20} = 120.000$, $r = ?$
$r = 2.927,15$

3.) Richard Räucher (RR)
365 Tage · 3 € = 1.095 € pro Jahr (Schaltjahre lassen wir einmal unberücksichtigt)

$$R_{40} = 1.095 \cdot \frac{1,05^{40} - 1}{0,05} = 132.275,75$$

Da sieht man, wie teuer das Rauchen wird, selbst wenn man die ständigen Tabaksteuererhöhungen nicht berücksichtigt.

4.) Private Rentenversicherung
Die Einzahlung erfolgt heute, damit: $R_0 = 150.000$

$$r = 150.000 \frac{0,05 \cdot 1,05^{15}}{1,05^{15} - 1} = 14.451,34$$

5.) Willi Werkel (WW) werden 2.400 € pro Jahr fehlen. WW möchte heute (20 Jahre bevor er in den Ruhestand geht) pro Jahr einen Betrag sparen, um die fehlenden 2.400 € für 15 Jahre auszugleichen. 5% Zinsen.
Hier müssen wir eine Rückwärtsrechnung durchführen.
1. Wieviel Geld braucht WW, um 2.400 € 15 Jahre lang erhalten zu können?

$$R_0 = 2.400 \frac{1,05^{15} - 1}{0,05 \cdot 1,05^{15}} = 24.911,18$$

Wenn WW dieses Geld hätte, dann könnte er daraus die gewünschte Zusatzrente erhalten.
2. Wieviel Geld muß WW jährlich zahlen, damit er in 20 Jahren 24.911,18 € hat?

$$r = 24.911,18 \frac{0,05}{1,05^{20} - 1} = 753,38$$

6.) Susi Sparsam (SS) spart jedes Jahr 1.500 € bei 4,5% Verzinsung über 25 Jahre. Gitta Gleich (GG) möchte in 25 Jahren genausoviel Geld besitzen wie SS. Welchen einmaligen Betrag muß sie dafür heute anlegen, bei 5,5% Verzinsung?

SS: $R_{25} = 1.500 \cdot \dfrac{1,045^{25} - 1}{0,045} = 66.847,82$

Für GG ist $K_{25} = 66.847,82$: $K_0 = \dfrac{66847,82}{1,055^{25}} = 17.529,75$

7.) Kuno Künstler (KK) spart jedes Jahr 7.000 € über 10 Jahre. Den Endbetrag läßt er 3 Jahre verzinsen. Dann möchte er sich für 8 Jahre eine Rente zahlen lassen. Wie hoch ist diese Rente, bei einer einheitlichen Verzinsung von 6%?

$R_{10} = 7.000 \cdot \dfrac{1,06^{10} - 1}{0,06} = 92.265,56$ wird zu K_0 für die nächste Rechnung.

$K_3 = 92.265,56(1 + 0,06)^3 = 109.889,76$ wird zu R_0 die nächste Rechnung.

$r = 109.889,76 \dfrac{0,06 \cdot 1,06^8}{1,06^8 - 1} = 17.696,20$

8.) Peter Pleite (PP) nimmt einen Konsumentenkredit über 12.000 € auf. Die Rückzahlung soll in gleichbleibenden Jahresraten erfolgen. Der Kredit hat eine Laufzeit von 5 Jahren und ist mit 8% zu verzinsen. Wie hoch sind die jährlichen Raten des PP?

Auch dies ist mathematisch ein Rentenproblem. Die Rate ist die Rente. Die Kreditauszahlung erfolgt vor der Ratenzahlung und ist somit der Rentenbarwert.
$R_0 = 12.000$, $i = 8\%$, $n = 5$, $r = ?$
$r = 3.005,48$

Für R_n gibt es bei der Kreditberechnung keine vernünftige Interpretation.
Es handelt sich dabei nicht um die Summe der Rückzahlungen, die der Kreditnehmer leistet, wie man vermuten könnte.
R_n wäre das Geld, über das in dem Beispiel die Bank nach 5 Jahren verfügen könnte, wenn sie die von PP zurückgezahlten Raten sofort wieder als Kredit an einen anderen Kunden vergäbe und zwar zu den selben Konditionen.

9.) Bodo Baulich (BB) baut ein Einfamilienhaus und nimmt dafür eine Hypothek auf: 80.000 Euro. BB zahlt die Hypothek in 20 Jahren bei 5% Verzinsung in gleichbleibenden jährlichen Raten zurück. Wie hoch sind diese Raten?

$R_0 = 80.000$, $i = 5\%$, $n = 20$, $r = ?$
r = 6.419,41

Aufgabe 3

1.) $R_0 = 130.000$, $r = 7.500$, $i = 4\%$

$$n = \dfrac{lg\left(\dfrac{7.500}{7.500 - 0,04 \cdot 130.000}\right)}{lg\, 1,04} = 30,137$$

2.) $R_n = 58.000, r = 6.000, i = 3\%$

$$n = \frac{lg\left(\dfrac{58.000}{6.000} \cdot 0,03 + 1\right)}{lg\,1,03} = 8,615$$

3.) $R_0 = 80.000, r = 3.500, i = 5\%$

$$n = \frac{lg\left(\dfrac{3.500}{3.500 - 0,05 \cdot 80.000}\right)}{lg\,1,05} = \text{nicht lösbar}$$

Tatsächlich wird sich Ihr Rechner weigern, Ihnen ein anständiges Ergebnis zu geben. In der Klammer entsteht ein negativer Wert, der Logarithmus ist hierfür nicht definiert. Mathematisch kommen wir hier also nicht weiter.

Glücklicherweise sind wir Betriebswirte! Sehen wir uns den Nenner im Klammerausdruck an:

$3.500 - 0,05 \cdot 80.000$

3.500 war die gewünschte Rente.

$0,05 \cdot 80.000 = 4.000$ sind die Zinsen, die im ersten Jahr entstehen.

Der Rentner ist hier offenbar viel zu bescheiden, er entnimmt weniger als die Zinsen. Damit reicht das Kapital ewig und wird sogar beständig größer.

Aufgabe 4

1.) Sparplan: Jedes Jahr werden 2.500 € nachschüssig bis zur Vollendung des 18. Lebensjahres eingezahlt.
$R_{18} = 77.264,13$, wird zu K_0
Das Geld wird 2 Jahre verzinst.
$K_2 = 86.813,98$, wird zu R_0
Der Endbetrag wird in eine 5 Jahre dauernde vorschüssige Rente umgewandelt.
Der Zinssatz beträgt einheitlich 6%.
Wie hoch ist die Rente?
$r = 19.442,76$

2.) Erwin Erblich (EE) erbt 30.000 €. Er legt das Geld zu 6% an. Gleichzeitig spart er 1.500 € pro Jahr nachschüssig über 10 Jahre (6% Verzinsung).
Den Gesamtbetrag läßt er sich über 20 Jahre als vorschüssige Rente bei 5% Verzinsung auszahlen.
Wie hoch ist diese Rente?

$K_{10} = 30.000 \cdot 1,06^{10} = 53.725,43$ Erbschaft

$R_{10} = 1.500 \cdot \dfrac{1,06^{10} - 1}{0,06} = 19.771,19$ Sparleistung

Zusammen: $73.496,62$ entspricht R_0

$r = 73.496,62 \cdot \dfrac{0,05 \cdot 1,05^{19}}{1,05^{20} - 1} = 5.616,72$

3.) Sonja Sparsam (SS) spart jedes Jahr 2.000 € nachschüssig über 30 Jahre. Welche Rente kann sie sich dann für 10 Jahre vorschüssig auszahlen lassen, wenn sie 6% Zinsen erhält.

R_{30} = 158.116,37, wird zu R_0
r = 20.266,93

4.) Richard Reich (RR) möchte bei der Geburt seines Enkels einmalig soviel Geld anlegen, daß dem Enkel daraus ab dessen 18. Geburtstag eine vorschüssige Rente von 20.000 € pro Jahr über 60 Jahre gezahlt werden kann.
Wieviel Geld muß angelegt werden, um bei 5% Zinsen dieses Ziel zu erreichen?

R_0 = 397.515,08 soviel Geld wird gebraucht, um die Rente des Enkels zu zahlen
Das muß in 18 Jahren vorhanden sein (= K_{18})
K_0 = 165.175,73

5.) Gustav Grübel (GG) (36 Jahre alt) schließt einen Versicherungsvertrag ab, in den er 12 Jahre 6.000 € pro Jahr nachschüssig einzahlt.
Daraus erhält er eine vorschüssige lebenslange Rente (die Versicherung rechnet mit einer durchschnittlichen Lebensdauer von 80 Jahren).
Nach Ablauf des Vertrags (also wenn GG 48 Jahre alt ist) möchte er die Rente, die ihm zusteht, wieder 12 Jahre einzahlen, um noch eine lebenslange (vorschüssige) Rente zu erhalten.
Wieviel Rente erhält GG pro Jahr insgesamt ab seinem 60. Geburtstag?
(Einheitlicher Zinssatz: 5%)

1. Vertrag:
R_{12} = 95.502,76 Das hat GG angespart. Wird zu R_0 für die Rentenberechnung.
GG ist jetzt 48 Jahre alt, hat also statistisch eine Restlebenserwartung von (80 – 48) 32 Jahren
r = 5.755,67
2. Vertrag
Die 5.755,67 € werden wieder 12 Jahre eingezahlt. Diesmal allerdings vorschüssig!
R_{12} = 96.194,43
GG ist jetzt 60. Restlebenserwartung: 20 Jahre
r = 7.351,32
Gesamtrente = 5.755,67 + 7.351,32 = 13.106,99

Aufgabe 5

1.) Klara Kleinlich (KK) möchte monatlich 20 € nachschüssig sparen. Wieviel Geld hat sie nach 4,5, Jahren zusammen, wenn sie 4% p. a. Zinsen erhält?

$j = \sqrt[12]{1+i} - 1$, $N = 12 \cdot 4,5 = 54$

$R_N = 20 \cdot \dfrac{1,003274^{54} - 1}{0,003274} = 1.179,24$

2.) Fritz Frei (FF) ist Freiberufler und möchte selbst für seine Alterssicherung sorgen.
FF möchte in 25 Jahren in den Ruhestand gehen und eine vorschüssige Rente von 2.500 €

pro Monat erhalten. Diese Rente soll eine Laufzeit von 20 Jahren haben.

Um dieses Ziel zu erreichen, möchte FF jeden Monat einen gleichbleibenden Betrag von seinem Einkommen nachschüssig sparen.

Wieviel muß FF pro Monat ansparen, um sein Ziel zu erreichen, wenn er einheitlich von 4,5% Verzinsung ausgeht?

1. Wieviel Geld braucht FF für die Rente?

$$j = \sqrt[12]{1+0,04} - 1 = 0,3675\% \qquad N = 20 \cdot 12 = 240$$

$$r = R_0 \cdot \frac{p^{N-12} \cdot j}{p^N - 1} \Leftrightarrow R_0 = r \cdot \frac{p^N - 1}{p^{N-12} \cdot j} = 2.500 \frac{1,003675^{240} - 1}{1,003675^{240-12} \cdot 0,003675} = 416.142,82$$

Diesen Betrag muß er in 25 Jahren = 300 Monaten ansparen (= R_{300})

2. Wieviel muß FF monatlich sparen?

$$r = R_N \cdot \frac{j}{p^N - 1} = 416.142,82 \frac{0,003675}{1,003675^{300} - 1} = 762,55$$

14 Integralrechnung

Aufgabe 1

Bestimmen Sie jeweils die Stammfunktion $F(x)$.

1.) $f(x) = 7x^3$ $\qquad\qquad\qquad\qquad F(x) = \frac{7}{4}x^4$

2.) $f(x) = \frac{1}{4}x^9$ $\qquad\qquad\qquad\quad F(x) = \frac{1}{40}x^{10}$

3.) $f(x) = \frac{1}{6}\sqrt[3]{x} \quad f(x) = \frac{1}{6}x^{1/3} \qquad F(x) = \frac{1}{6}\frac{3}{4}x^{4/3} = \frac{1}{8}x^{4/3}$

4.) $f(x) = 5,6x^{8,5}$ $\qquad\qquad\qquad F(x) = \frac{5,6}{9,5}x^{9,5} = \frac{56}{95}x^{9,5}$

Aufgabe 2

1.) $f(x) = x^2$ $\qquad\qquad [-2;3]$

$$\int_{-2}^{3} x^2 dx = \left[\frac{1}{3}x^3\right]_{-2}^{3} = \frac{1}{3}3^3 - \frac{1}{3}(-2)^3 = 11,\overline{6}$$

2.) $f(x) = 10x^2$ $\qquad\qquad [-4;5]$

$$\int_{-4}^{5} 10x^2 dx = \left[\frac{10}{3}x^3\right]_{-4}^{5} = \frac{10}{3}5^3 - \frac{10}{3}(-4)^3 = 630$$

3.) $f(x) = \sqrt{x}$ [0;7]

$$\int_0^7 \sqrt{x}\,dx = \int_0^7 x^{1/2}\,dx = \left[\tfrac{2}{3} x^{3/2} \right]_0^7 = \tfrac{2}{3} 7^{3/2} - 0 = 12{,}347$$

4.) $f(x) = 2x + 3x^2 + 4x^3$ [1;10]

$$\int_1^{10} (2x + 3x^2 + 4x^3)\,dx = \left[x^2 + x^3 + x^4 \right]_1^{10} = 10^2 + 10^3 + 10^4 - (1^2 + 1^3 + 1^4) = 11.097$$

Sachregister